André Bazin

ORSON WELLES

オーソン・ウェルズ

アンドレ・バザン　堀潤之＝訳

インスクリプト
INSCRIPT Inc.

オーソン・ウェルズ

資料

［凡例］

- 原註には＊を付しページの左端に掲載した。訳註は（1）（2）……と付し各テクストの末尾にまとめた。本文および原註での［　］は訳者による補足である。
- バザン『オーソン・ウェルズ』に関し、同書の一九七二年版に再利用されている箇所を、本文右肩にて▼と▲マークで囲むことで指し示した。テクストの成立事情については、訳者解説を参照されたい。

オーソン・ウェルズの横顔

ジャン・コクトー

私がオーソン・ウェルズと知り合ったのは、世界一周旅行も終わりに差しかかった一九三六年のことだった。〔ニューヨークの〕ハーレムで、黒人だけによって演じられる『マクベス』という奇妙にしてすばらしい芝居をやっていて、そこにグレンウェイ・ウェスコットとモンロー・ウィーラーが連れて行ってくれたのだ。オーソン・ウェルズはまだほんの若者だった。私たちは再び『マクベス』によって、一九四八年のヴェネツィア映画祭で出会うことになった。おかしなことに、私には、黒人版『マクベス』をやった若者と、リドの小さなホールでこれからもうひとつの『マクベス』（映画版）を見せてくれる有名な映画作家がまったく結びつかなかった。かつて私自身が彼に、自分は夢遊病のシーンが最も大切だと考えているのに、そのシーンは舞台ではいつも端折られてしまうんだと指摘したことをヴェネツィアのバーで思い出させてくれたのは、彼の方だった。

オーソン・ウェルズの『マクベス』は、私たちがビアリッツの映画祭(1)の趣旨を明確にするために用いたこの語の高貴な意味合いにおいて、呪われた映画である。

オーソン・ウェルズの『マクベス』を前にしても、観客は耳を塞ぎ、目を閉じたままというありさまだ。『マクベス』を好きだという人は数えるほどだろう（私はそのひとりであることを誇りに思う）。ウェルズはこの映画を、下稽古を数え切れないほど繰り返してから、ものすごい速さで撮った。つまり、彼はこの映画に自分の演劇のスタイルを残したかったということだ。そしてウェルズは、シネマトグラフが、その拡大鏡をどんな作品に対してもかざすことができ、シネマのリズムだと人が思い描いているものを無視しうるのだということを示そうとしているのである。私がシネマという［シネマトグラフの］略語を認めないのは、それが表しているもののせいだ。ヴェネツィアでは、「これはシネマである」とか「これはシネマではない」といった馬鹿げたライトモチーフが絶えず繰り返されているのを耳にした。人々は「これはいい映画《フィルム》だが、シネマではない」とか、「これはいい映画《フィルム》ではないが、シネマである」などと付け加えてさえいた。

私たちは、察しの通り、そのことをさんざんからかっていた。ウェルズと私がそろってラジオのインタヴューを受けたときには、シネマであるような映画とは何であるかが分かったらさぞかし気持ちがいいだろう、ただひたすらその秘訣を学んで、実践に移したいものだ、と答えておいた。

オーソン・ウェルズの『マクベス』には、野蛮で無造作な力がみなぎっている。角を頭につけ、ボール紙でできた王冠をかぶり、最初期の自動車乗りたちのように獣の皮をまとったこの悲劇の主人公たちは、夢に出てくる地下鉄らしきものの回廊を、水が滲み出る崩れた地下室のなかを、打ち棄てられた炭坑のなかを動き回る。行き当たりばったりの撮影は一箇所もない。カメラはいつでも、運命の目がその犠牲者たちを見守っている場所に据えられている。時おり、この悪夢が繰り広げられているのがいったいどの時代なのか分からなくなる。マクベス夫人が最初に出てくるところなど、カメラが後退して彼女の居場所を明らかにするまで、私たちが目にするのはほとんど、現代の洋服を着たご婦人が電話機の傍らで毛皮のソファーに横たわっている姿なのである。

マクベスに扮するオーソン・ウェルズは、なかなかの悲劇役者ぶりをみせている。アメリカ人の出演者たちが真似るスコットランド訛りは、イギリス人の耳には耐えがたいかもしれないが、正直なところ、私は不快には思わなかったし、もし私が英語に堪能だったとしても不快には思わなかっただろう。というのも、怪物的な言語によって奇妙な怪物たちが自らを表現することはあってもおかしくないし、そこでもシェイクスピアの言葉はかわらず彼の言葉としてあるからだ。

要するに、私は悪い裁き手であるとともに、他の人よりは良い裁き手でもある——私はいささかも不快に思うことなくプロットに集中していたので、訛りがおかしいことにではなく、プロットそのものに居心地の悪さを感じていたという点で。

ウェルズがヴェネツィアのコンペから取り下げ、[2]〈オブジェクティフ49〉が一九四九年に化学会館のホールで上映したこの映画は、どこでもよく似た抵抗に行き当たる。オーソン・ウェルズはしきたりを無視するのだが、観客が藁をもつかむ思いで彼の弱みにしがみつくので、自分の弱みをみせることによってしか当たりをとれないという人物だ。この映画は彼のそうした人となりを端的に示している。時には、彼の大胆不敵さにつきがまわってきて、幸運の兆しに恵まれると、観客が打ち負かされることもある——『市民ケーン』でケーンが「スーザンの」寝室で何もかも滅茶苦茶にするシーンや、『上海から来た女』の鏡の迷路のシーンなどのように。

それでもやはり、『市民ケーン』のシンコペーションの効いたリズムを味わった後では、観客はシンコペーションが長く続くことを期待しており、『アンバーソン家』の穏やかな美しさには失望した。ルイ十四世に似た格好をした億万長者の少年の突飛なイメージから、彼の叔母の神経的発作まで私たちを連れて行く曲がりくねった道の黄昏時のような微妙さを、注意深い心を持ちながらたどることは、それほど容易ではないのである。

バルザックに興味を示すウェルズ、人間の心理を知り尽くしているウェルズ、アメリカの旧邸宅を復元するウェルズ——ジャズやジルバに熱狂する人々は、こうした点に憤慨したのだ。彼らは、かなり混乱した『上海から来た女』で再びウェルズを取り戻し、『ストレンジャー』でまた見失った。こうしたジェットコースターの果てに、私たちはオーソン・ウェルズがローマからパリに引っ越してくる時点まで行き着く。

オーソン・ウェルズは、子供のようなまなざしをした一種の巨人、鳥がたくさん止まり大きな木陰を作る樹木、鎖をちぎって花壇に寝そべっている犬、活発な怠け者、思慮深い道化、取り巻きに囲まれた孤独、授業中に居眠りする学生、人に構われたくないときには酔っているふりをする策士である。

成り行きに任せているふりをし、薄目をあけて進んでいくという、実際には実力のある者がする投げやりな歩き方を、彼は誰よりもうまく利用したように思われる。彼は時おり落伍者のような態度を装い、眠たげな熊のような態度をとることで、映画界の冷ややかで落ち着きのない興奮から身を守っているのだ。このやり方のために、彼は沖合に出ることになり、ハリウッドを去って、他の仲間たちの方へ、他の展望の方へと向かうに任せることになった。

私がパリを離れてニューヨークに向かおうとしているとき、その出発の朝にオーソン・ウェルズが、耳を動かしながら太鼓を叩くすばらしい機械仕掛けの白いウサギを送ってくれた。それを見て私は、アポリネールがポール・ギヨーム画廊の展覧会《ピカソ／マティス》に寄せた序文で語っている太鼓を叩くウサギ――彼にとっては道を曲がったところで思いがけないものに出くわすという体験を表している――を思い起こした。

この豪華な玩具は、ウェルズの真のしるしにして真の署名だったので、アメリカからつま先立ちの女性を表したオスカー像が届いたり、フランスで《サモトラケのニケ》の小像が渡されたりするとき、私はオーソン・ウェルズにもらった白いウサギのことを、オスカー像のなかのオスカー像として、私の本当の〈賞〉として思い浮かべるのである。

シネマトグラフに固有の語法は、繰り返せば、口に出されて言われる言葉にはない。『恐るべき親達』をヴェネツィアのサン・マルコ座で初めて上映したとき——これは映画祭の枠外で上映したのだが、彼が『マクベス』を取り下げたように、私も［出品作の］『双頭の鷲』を取り下げるべきだった——、私たちは並んで座っていた。ウェルズは台詞があまり分からなかったはずだが、それでもほんのちょっとした演出のあやを見て取るたびに、私の腕を力いっぱい握りしめてくるのだった。映写はお粗末で、アンペア数があまりにも低いせいで、この種の映画では非常に大切な、顔の表情がほとんど見分けられなかった。そのことを詫びると、彼は、映画作品の美しさとは目と耳を越えるものであって、台詞に属するものでも、機械に属するものでもないのだから、映写の状態が悪くても、音声がよく聞こえなくても、映画のリズムが損なわれることはないのだ、と語ってくれた。

まったくその通りだと思う。彼は時には、たとえば『偉大なるアンバーソン家の人々』で、この見解を押し進めて、魅力的なものに対する解毒剤を優美ならざる映像のうちに探し求めてさえいる。ところで、『恐るべき親達』の上映後、私たちはサン・マルコ広場のカフェ・フローリアンで話をして、ある魅力から別の魅力へと目移りしていってはならないし、古びた色合いが醸し出す威光をあらかじめ計算に入れるべきではない、そうするとたちまち古くさい絵を描くことになってしまう、と意見が一致した。

実のところ、ウェルズも私も、自分の仕事について話すのは好きではない。生活のさまざまな情景が、そういう話の邪魔をするのである。私たちは長い間じっとしたまま、周囲でホテルがざわめいているのを眺めていることができた。こうして私たちがじっとしているために、忙しく立ち回っている実業家や、神経の昂ったシネマトグラフの専門家たちは、大いに士気をくじかれていた。私たちの置かれた状態は、いわばゴンドラの苦しみ(3)に似たものだったのに対して、忙しない実業家や神経質な専門家らは、ゴンドラのところまで降りていって、ゴンドラのリズムに従わなければならないのだ。私たちはすぐさま、険しい目つきで様子を窺われた。私たちの落ち着きは、スパイ行為になった。私たちの沈黙は恐怖を呼び、爆薬を充填されたものになった。私たちが笑ったりしようものなら、大変なことになった。おごそかな人々が、足をすくわれでもしないかと、私たちの前を大急ぎで通り過ぎるのを見た。私たちは、映画祭に対する侮辱罪、分派を作った罪を着せられた。

以上のことは、ほとんど現実のこととは思えず、集団的な催眠状態に近しかったせいか、ウェルズと私はパリで再会することができずにいる。

彼の足取りがこちらにあれば、私の足取りは向こうにある。彼があるレストランに入ると、私が出て行ったばかりであることを主人に伝えられる。その逆の場合もある。私たちは電話が嫌いだ。要するに、私たちの出会いは、そうであるべきもの――つまり、奇跡――になりつつある。そして、この奇跡はつねに、しかるべきときに起こるのだ。

シネマトグラフだけにはとどまらず、ジャーナリズムや、火星人たちの茶番劇や、劇場での『ジュリアス・シーザー』や『八十日間世界一周』の演出が大きな位置を占めているウェルズの多彩な仕事について、あなた方に詳しく語ることはバザンに任せよう。

私がしたかったのは、私が愛し、また敬服するひとりの友人の横顔をスケッチすることだった。もっとも、オーソン・ウェルズに関しては、これは冗語法である——というのも、わが友愛とわが敬服は分かちがたく一体をなしているのだから。

一九四九年八月

訳註

（1） 一九四八年に設立されたシネクラブ〈オブジェクティフ49〉によって、フランス南西部のビアリッツで、コクトーを会長として、一九四九年七月二九日から八月五日まで開催された「呪われた映画祭」を指す。

（2） ウェルズは、ずっと多くの予算をかけて作られたローレンス・オリヴィエの豪華な『ハムレット』が同時に出品されているため、『マクベス』を映画祭のコンペティションから取り下げたと言われている（ウェルズ自身は、アメリカ映画産業に対する謀略を怖れたアメリカ大使からの圧力がかかったからと説明している）。

（3） 望みのものが目の前にありながら手に入らないことを表す「タンタロスの苦しみ」という表現を踏まえている。

オーソン・ウェルズ

アンドレ・バザン

1——二〇世紀アメリカのルネサンス人

オーソン・ウェルズの名声は、疑いなく、名声にもいろいろあるなかで最も人を困惑させるもののひとつである。彼のなかには、何もかもを見出せる。私の言わんとするのは、三十三歳の男にしてはその業績が並外れて多様であるということだけでなく——それは大学でなされるような註釈から、絵画、ジャーナリズム、奇術、演劇、ラジオ、映画を経て、『農事年鑑』のための料理のレシピにまで至る(1)——、互いにほとんど比較できないような公然たる行為の数々が面食らうような仕方で混ぜ合わされているということでもある。たとえば、色事はしょっちゅう相手が替わるとともに広く知れ渡り、政治的態度がたびたび表明されたかと思うと、どこが気まぐれで、どこが策略で、どこが我の強さなのか見分けがたいような、離れ業めいた宣伝を打つ、というように。こうした突飛な多様性は、その持ち主について判断を下そうとする人々を苛立たせはしないまでも、当惑させる。その多様性はもちろん非難や嘲弄と無縁ではなく、彼にそれを浴びせかける人々のなかには思慮分別のある御仁もいる。実際、そうした多様性は、価値どうしの間の憂慮すべき不釣り合いを必ず伴ううえに、私たちの趣味に照らすとほとんど比較しがたいさまざまな活動を同列に扱っているようにみえるからであろう。

ハースト氏の弁護士団、RKOの弁護士団、そしてオーソン・ウェルズの代訴人たちの間での数ヶ月におよぶ困難な話し合いの末にようやく『市民ケーン』が封切られたとき、ニューヨークの映画館のファサードは、この時代の寵児《ワンダーボーイ》の肖像を形作る一連のネオンサインで飾られていた。ネオン管は同心円状に配置されていたため、次々に点灯されると、徐々に顔が大きくなってついに途方もない寸法にまで達するという錯覚を与えたのだった。そのすべての費用は一万二千ドルを下らなかった。マルセル・カルネやルネ・クレールが、レックスやゴーモン・パラスのファサードであっても、そのような宣伝に恵まれることは想像しがたい。こうした手法が、私たちのうちで、芸術の品位についてのある種の考えを刺戟するということを認めよう。サーカスやミュージック・ホールでは受け入れられるように思えるが、映画それ自体は幸いなことにずっと以前からそのような手法を乗り越えている。私たちには、そうした手法を用いる者は真の芸術家ではありえないし、その芸術にも影響を及ぼしているはずだと思える。ゆえに、オーソン・ウェルズに対してなされる最もありきたりの非難は、壮大なはったり——しかも、彼自身が仕掛けたはったり——の煽動者であるというものだ。そうした偏見から出発すれば、一目見て熟慮や称賛を呼びうるものさえ疑ってしまうのももっともだ。善意の観客は、おのれがいんちきな芸術と解釈するものによって警戒心を抱き、終いには、商品は良いものにみえるけれども、自分はやはり騙されているに違いないと思う。ウェルズの作品は逆説的にも大衆の習わしや趣味に反することが多いだけに、観客のためらいはとかく、ますます意地の悪いものとなる。理解できないものを軽蔑することは、つねに慰めになるのである。

しかし、知識人や技術者はそうした言い訳はできない。アルルカンと闘牛の画家であるピカソがブルジョワにショックを与えるためになし得たあらゆることにもかかわらず、彼の才能に疑義を差し挟むような画家はもはや誰一人いない（日曜画家やフランス芸術家協会展《ル・サロン》の画家を除いて）。ところが、ウェルズは大衆の満場一致を得られなかったが（『市民ケーン』、ましてや『偉大なるアンバーソン家の人々』が受けたのは、アメリカでは玄人筋だけ、フランスではシネクラブだけだった）、技術者の大半も敵に回している。彼らのうちの何人か、それもなかなかの大物たちが、『アンバーソン家』のフランス初上映が終わったときに憤っていたのを思い出す。彼らがその論拠とするものをのちにいくつか詳しく検討することになるだろう。だが、そこには、技術的な見地からの弁明を超えて、純粋な職業的良心には属さないような激情や不機嫌をたやすく見て取ることができる。

ウェルズはすでにアメリカでも、ハリウッドに到着するやいなや、どんな映画を撮ることになるのかが判明する前にさえ、文字通りに徒党を組んだ技術者たちを敵に回していた。その理由は単純で、ウェルズがこの領域で類例のない契約書、つまり主題の選択と技術的な手段に関して完全な自由を認めるという契約書にサインすることに成功していたからだ。ある日、ウェルズは撮影を中断したのだが、それはRKOのお偉方が二人、事前の諒承もなく撮影を見に来たからだった。ウェルズが、ハリウッドというガレー船にみずからの自由を押しつけることによって、奥行きのある画面を使ったり大胆な主題を選択することよりもずっと、新たな同僚たちを憤慨させたことは間違いなかろう。だが、この議論はフランスには当てはまらない。それどころか、われらが助手たちのうち最も実入りの悪い者は、ウェルズがしたことに感謝の念を抱いただろう。逆に、若干の例外を除けば、彼の演出は、われらがプロたちのうち順応主義から最も遠い人々さえ、烈火のごとく怒らせた。最初の驚きがなくなると、いくつかの見解を集約する時期となり、はったりだとか、受け狙いだとか、根拠もなければおまけに独創性もない風変わりな事柄ばかりを追求しているだとか言われた――そうした事柄のほとんどは、ドイツ表現主義やら、二十年前に放棄された撮影技術やらの無意識的な借用《レミニサンス》でしかない、というのだ。そのような稽古事が欺くことができるのは、若者か、無知な者だけだ、と。(2)

　私が特に思い出すのは、『アンバーソン家』が封切られたときに、われらの最も輝かしい監督のひとりが憤っていたことだ。彼の気分をとりわけ害したのは、あるひとつの映像、馬車で長い愛の台詞を交わし合う映像だった。この手のシーンはつねに「スクリーンプロセス」で撮影される。つまり、俳優たちの背後で風景がつや消しのスクリーンへの投影によって展開する間、彼らはスタジオで不動のままなのだ。上映の際には動きが逆になり、俳優たちの方が背景のなかで移動しているという印象が得られる。前景における フレーミングの難しさや、演技と台詞の録音の正確さが、通常、この特殊撮影にはのしかかってくる。実際、『アンバーソン家』の当該のシーン、ジョージとルーシーのシーンのほぼ全体にわたって、すべてはあたかもウェルズがスクリーンプロセスを使用したかのように進んでいく。というのも、登場人物たちの後ろで街路が単調に流れていくのが見えるからだ。台詞が終わってようやく、カメラが数メートル遠ざかり、少し向きを変え、二輪馬車と、馬と、いま通ってきたばかりの街路の全体をあらわにする。われらが監督によれば、ウェルズは、同業者たちを仰天させるという悪魔のような意図を持っており(というのも、大衆は間違いなく何も分からないだろうから)、彼らがほんの一瞬のあいだ勘違いしている現場を押さえるという楽しみのためだけに、街路の舞台背景を作らせたのだという。このシーンには後ほど立ち戻って、詳しく分析しながら、この仮説が最もありそうにないということを確かめる機会があるだろう[七六―七九頁を参照]。まさにこのシークェンスでスクリーンプロセスを使用してはならない美学上の差し迫った理由が、少なくとも二、三は存在するのだ。われらが監督が何はともあれウェルズに好意的な予断を持っていないことはよく分かる。なぜなら結局、もしこのシーンが撮られたのが、スクリーンプロセスなしで済ませられることを示すという楽しみのためだけだったとしても、作家の功績にも数え上げられるような技法上の偉業のうちに、これほど眉をひそめさせるものはいまだいっさいなかっただろうから。

例の天井についても同様である。人は多少の記憶を呼び戻して、薄ら笑いを浮かべつつシュトロハイムの天井を張られた舞台背景を引き合いに出した。他の例を引くこともできるだろう——たとえ『駅馬車』のジョン・フォードによるものだけだとしても。しかし、広角レンズによる撮影と天井を張られた舞台背景をどちらもばかにするには、無知蒙昧であるか、悪意によって目をくらまされているかしなければならない。というのも、そのレンズの絞りは、スタジオの上部構造をあらわにしたくなければ、舞台背景が完全に囲まれていることを必要としたのだから。確かに、ウェルズを称賛する人々の純朴さや先入観もしばしば同じくらい型にはまったものだったが、ウェルズを誹謗する人々についても、彼らが歴史や技術を参照したにもかかわらず、よりいっそうの平静さを示すことがなかったとだけは言える。私たちが示したかったのは、そのことに尽きる。

素人の観客に対しても、専門家の観客と同じく、きわめて誠実な偏見を持たせるがままにしておこう。素人の意見には、根っからの美学的な愚かさは何ら含まれておらず、専門家の憤慨には、あまりにも速やかに成功したという安易さを前にしての忌ま忌ましさはいっさい含まれていないということにしておこう。では、人々がこの男に時おり向けたがる批判の荒々しさと厳しさはどのように説明できるのか——彼は三十三歳にして、ニューヨークの最良の批評家たちがこぞって褒めそやしたいくつかの戯曲の演出を行ったという功績を持ち、異論の余地なく世界で最もすぐれた俳優の指導者のひとりにして非凡なラジオ放送作家であることが判っており、その少なくとも二本の映画(『市民ケーン』と『偉大なるアンバーソン家の人々』)は議論の余地があるかもしれないが、創意工夫に満ち、詩的な想像力が今にも飛び出さんばかりの作品であるというのに。私はわざと、オーソン・ウェルズの間違いなく最も明白な長所にしか言及していない——これらは、彼の最悪の敵でさえ認めないわけにはいかない長所なのだ。

私はその説明として、次のように言おうと思う。天才は、慎ましさか、いくらかの愚かさを伴っているときにはたやすく許される。だが、怪物的なまでの芸術的才能は、聴衆がさらに加えてそこに自意識と巧妙な策略を見て取るやいなや、否応なく意見の割れるものとなる。ウェルズは実際、他の多くの才能もあるなかでとりわけ、はったりの才能を持っている。彼はその才能を、手品や映画や演劇と同じ資格で、美しき術《ボザール》のひとつとして扱う。実のところ、ウェルズの才能を一語で総括し、彼がものにした諸芸術をひとつだけに還元しなければならないとしたら、私は進んで、彼は本質的には演劇人であり、演出家であると言うだろう――こうした言葉を、現代世界で、とりわけアメリカ文明において許される最も拡張された意味合いで理解するとして。彼の劇場は公的生活であり、彼の舞台背景は西洋世界なのだ。ネオン広告からラジオのマイクまで、ジャーナリズムからハリウッドの映画工場までを演出する［＝舞台に載せる］ためには、個々の作品が多かれ少なかれうまくいった一幕でしかない絶え間のない見世物《スペクタクル》のようなものを提示し上演するためには、あらゆる技法が彼にとっては好都合なのだ。このような、演出することへの飽くなき意志、絶えざる見世物をひっきりなしに創造するという才能によってこそ、きわめて多様な技法をわがものとする驚異的な能力の説明がつく。つまり、それらの技法は彼が手を付けるやいなや自律性を失い、彼がその組織者であるところの二億人規模の一種の超‐劇場というただひとつの同じ芸術の多様なあり方として統合されるのだ。

ウェルズが私たちを憤慨させるのは、現代がもはや、ルネサンスのあの怪物たちの時代ではないからだ――ルネサンスには、イタリアのどんな小さな国家にも世代ごとに一ダースの時代の寵児《ワンダーボーイ》がいて、未来のダ・ヴィンチたちや、ミケランジェロになるかもしれない者たちが十四歳にしてすでにいくつもの技芸に熟達していた。行き過ぎた比較をすることで、オーソン・ウェルズに要らぬ節介を焼くつもりは私にはない。ともかく、天才とは個人の心理と同じくらい、社会や歴史と関わっているのだ。レオナルド・ダ・ヴィンチは、今日であれば、下手くそな絵の展示会に出品しているかもしれないし、あるいは単に自動車工場の所長や定期航路のパイロットをしているかもしれない。オーソン・ウェルズのような男が彼の世代に対してどんな痕跡を残せたことになるのかを知るためには、まだ時間的な隔たりが足りない。ルネサンスの最も偉大な芸術家たちも、必ずしも同時代人に最も華々しく映った人々ではなかった。また、ウェルズがみずからの才能をうまく制御できずに、元々一過的で期待外れであるような活動に才能を浪費してしまうこともありうるが、彼の将来については憶測さえしたくない。だが確かなのは、彼が、ルネサンス以来、私たちの芸術的文明をますます細分化している例の諸芸術の分割なるものを一望することができ、それによって、それらの芸術の各々を、彼がみずからのうちに育んでいる独創的な着想から出発して再創造することができる稀有な人物のひとりであるということだ。

　私たちは専門家の世界に生きている――科学技術や産業の技術においてだけでなく、それ以上に、また科学の専門分化にすら先んじて、芸術の技法において。百科事典的な博識を持つ独学者に対する偏見が私たちのうちに深く根を下ろしているのはそのためだ。おまけに、こうした専門分化は洗練された芸術形式を推進し、そこでは趣味のよさが幅をきかせている。オーソン・ウェルズのような人にみられる明白な趣味の欠如、最良のものと最悪のものの無分別な混ぜ合わせ、そしていざという時には、途方もない効果を発揮させるために、洗練された繊細な釣り合いを安易に犠牲にすること（とはいえ、彼の作品にはそうした釣り合いもふんだんにみられるのだが）などは、確かに私たちの芸術的な序列《ヒエラルキー》の感覚を損なう。彼にあっては、野蛮さ*と策略と幼稚さと詩的な才能の奇妙な寄せ集め《アマルガム》があるのだが、私たちはもはや、それが同じひとりの人物のなかに存在していることをたやすく許容しようとはしないのだ。そのうえ、私たちはヨーロッパ人であり、そうであればこそ、自分たちに馴染みのない社会学的事象に対する強固な偏見を育んでいる——とりわけ、［ヨーロッパとは］まったく反対に、アメリカの生活の不可欠な一部をなしている広告の技法に対して。だが、ウェルズはまさしく、みずからの世紀、みずからの社会とすっかり折り合っていたからこそ（ちょうどダ・ヴィンチやミケランジェロのような人たちが彼らの時代の政治と折り合いをつけて、暴君のために働いていたように）、それに見合った尺度で振る舞い、とりわけ、アメリカの至聖所、すなわちハリウッド——この至高の神殿では、無数の巫女が諸々の神話の犯すべからざる純潔を守っており、一億五千万人のうっとりとした信者たちが映画館の宗教的な暗がりでそれらの神話に見とれるだろう——に押し入り、現行のしきたりに逆らって、みずからの自

*………ロジェ・レーナルトは、モガドール［モロッコ南西部の港町エサウイラの旧称］での討議の最中に、ウェルズのこの言葉を知らせてくれた。「未来は野蛮人たちの手にある」。

由奔放な詩情に基づく地獄の機械(3)をそこに導入することができたのだ。

私がなかなか気に入っているのは、われらが映画作家たちが、アメリカで生み出される作品の規格化を絶えず非難していながら、突然、かくも気むずかしい姿をあらわにして、オーソン・ウェルズがすでにかなり高い代償を払って勝ち取った自由を行使しえたことに言いがかりをつけていることだ！ エリッヒ・フォン・シュトロハイムとチャーリー・チャップリンを除けば、ウェルズだけがハリウッドの製作システムに、少なくとも一時的に、みずからの自由を受け入れさせる術を心得ていたことを彼らに思い起こさせるべきだろうか。彼らは『上海から来た女』のあの台詞を聞くことを望まなかったのだ——RKOとの契約の枠内で撮られたこの最後の作品のために(4)、ウェルズは巧みにも、恐ろしいほど型にはまった刑事ものの脚本を受け入れて、フィルムが一メートル進むごとにその脚本をよりよく破壊しようとしたのだった。

「君は自分が金銭的に独り立ちしていると本気で思っているのか？」と悪徳弁護士が尋ねる。

すると、水夫のマイケル・オハラは——彼はオーソン・ウェルズに兄弟のように似ているが、それもそのはず――、素っ気なくこう答える。

「独り立ちしています。」

オーソン・ウェルズには、多くの非難を向けることができる。多かれ少なかれもっともな非難だ。しかし、ウェルズを最も執拗に誹謗する人たちも異議を唱えがたい功績がある。それは、現在に至るまで、自由であり続ける術を知っていたことだ。それは詩人にとって、そして映画作家にとってさえ、趣味のよさに逆らういくつかの過失を、いざという時には十分に埋め合わせてくれるような美点なのである。

2――幼年期の虜になった食人鬼

なるほど、みずからの芸術的な自由を無条件に主張するということを、ウェルズは思いつきさえしなかったかもしれない――もし、アメリカの社会学のうちにその主張を組み入れるにあたって、彼が特異な活力を備えた個性に突き動かされていなかったならば。

ピアニストの母と発明家の父のあいだに生まれ、その早熟ぶりによって二歳にして精神科医の関心を惹いていたケノーシャの天才少年にあっては、幼年期に燃えさかった創造の情熱が消えることはなかった――往々にして、青年期の訪れとともにそうなってしまうものだが。それどころか、すべてはあたかも、大人になる年齢を迎える前に大人になったこの人物が、その人間としての能力を開花させるにあたって、幼年期の根本的な特徴をいくらかとどめておいたかのごとく進展しているようだ。天才少年は知らず知らずのうちに子供っぽい天才に変わってしまったのだ。とはいえ、この言葉に何ら軽蔑的な意味合いを読み取らないでほしい。むしろ、その反対なのだ。詩人とは、みずからの幼年期を保つことができた人のことではなかろうか。ただ単に、ウェルズにあっては、この若々しさがしばしば、不作法さ——しかも、自発的で挑発的な不作法さ——とともに現れるのだ。この不作法さが、明らかに、彼が下す決断のうち最も独創的な部類のものの土台にある。契約のおかげで完全の意のままにできるRKOの撮影所を訪れたときに、彼が「これは人間がかつて手にしたいちばんすばらしい電気機関車だ!」と叫んだことは語りぐさになっている。彼が新たなヘラクレス的な大仕事のそれぞれに取り組む仕方のうちには、尋常ならざる遊戯趣味をたやすく見て取れる——それは今も生きている幼年期、大人の持つ例外的なまでの才能と作業能力を満足させるべくして用いるような幼年期のあらわれなのだ。* 彼は結局のところ、一九二七年に彼を診察した精神科医から贈られた人形劇で遊び続けている。ここに由来するのはまた、ウェルズが指一本動か

*……彼と仲違いした協力者たちでさえ、この並外れた作業能力を証言している。彼は何昼夜も寝ずに絶えず活動していることができたという。

すたびに、彼の誹謗者たちが必ず非難するところの途方もないエゴティズムでもある。そのエゴティズムを、エゴイズムと取り違えるふりをするのは安易にすぎる——ウェルズにはエゴイズムはまったく欠けている。その点に関しては、彼の政治的信条から、職業上の関係や組合とのつながりを経て、私生活におけるあれこれの逸話に至るまで、無数の反駁しがたい事例を挙げられる。ウェルズは、私的に会話を交わすときには、私が知るなかで最も洗練され、礼儀正しく、道徳的に高潔な人物である。それについては、まさに私が立ち会った状況に基づいて、うそ偽りではないことが絶対に確かな事例を持ち出すことができる。八月のヴェネツィアはミラコリ広場のことだった。私は『オセロ』のあるシーンの撮影を見に来ていた——路地に隠れるようにしていた少人数の一座とエリザベス朝時代のような乏しい機材を見つけ出すのに難儀したあげくに。私は、見るからに何が起こっているのか分かっていない何人かのヴェネツィアの野次馬に混じっていた。ウェルズは最寄りの「トラットリア」から借りてきたみすぼらしい鉄の椅子に座って、映画界ではよくあることだが、何かを待ちながら物思いに耽っていた。彼がした振る舞いを称賛しそうな見物人は誰も居合わせなかったことは保証するが、ウェルズは、イタリア人の主婦が子供の手を引き、買い物かごを腕に抱えながら、しばらく前から撮影の準備を眺めていることに気がつくと、自分のみすぼらしい監督用の椅子から立ち上がって、地下鉄《メトロ》に乗っているときと同じくらい気取らずに席を譲ったのだった。エゴイズムとエゴティズムの区別を強調しておくのが賢明だろう。エゴイズムは、埋め合わせとなるような長所を何ら含むことのない欠点だが、エゴティズムとは、芸術家たちの血族全体に共通する宿命であって、創作者に備わる最も本質的な特異性において彼らを否定したくなければ、咎めることのできないものなのだ。

　そういうわけで、オーソン・ウェルズの個性が、彼の映画作品、とりわけ彼が程度の差はあれ直接的な仕方で実質的にコントロールできていた『市民ケーン』、『偉大なるアンバーソン家の人々』、『上海から来た女』、『マクベス』といった映画作品で、あれほど目に見えて存在していることに驚かないでほしい。精神分析家であれば、おそらくそこに自己の肯定という子供っぽい意志、満たされていない幼年期——もしかしたら、古典的な状況とは逆に、あり余る自由と才能のゆえに——の復讐をたやすく見分けるだろう。▼あまりにも多くの妖精たちがこの揺りかごに身をかがめ、幼子に自分の年齢にふさわしく生きる暇を与えなかったのだ。だから、『市民ケーン』と『偉大なるアンバーソン家の人々』が結局のところ、幼年期の悲劇に帰着しうるのは驚きではない。超人にして超市民、世論を弄び、世論に逆らいながらみずからの巨万の富を使い果たしたケーンの遺言、実存主義者なら彼の「根本的な投企《プロジェ》」と言うであろうものは、人工雪のわずかな欠片が小さな家にふんだんに降り注ぐガラス玉にすっかり収まっているのだ。かつては一国の運命を手中に握っていたこの白髪の老人、耄碌したとはあえて誰も言わないこの老人は、死を前にして、この子供じみた思い出、妻スーザンの人形部屋を滅茶苦茶にしたときに取っておいた玩具を胸に抱いている。最後の言葉は、まさしく最初の言葉でもある。「薔薇の蕾《ローズバッド》」とは――その意味をケーンの波瀾万丈の人生のうちに探し求めた調査は無駄に終わるが――、子供用の橇の布地に書かれた言葉にすぎない。思い上がりと成功という逃げ道が締めつけを緩めたとき、いまわの際を迎えたこの老人が身を楽にして、最後の夢想のうちに夢の謎を解く最も秘められた鍵を滑り込ませるとき、彼が発した歴史的な言葉は幼年期の言葉にすぎないのだ。おまけに、死に至るまでおそらく無意識のままその思い出に取り憑かれることになる橇を使って、彼は人生の最初に激昂して銀行家に殴りかかったのではなかったか――彼を雪遊びと母親の庇護から引き離し、彼から幼年期を取り上げ、〈市民ケーン〉にするべくやって来た銀行家に。実際、ケーンは財産によって余儀なくされて、「偉大な市民［A great citizen］」になった。少なくとも、彼は自分の幼年期が奪われたことへの仕返しをしたのだ――みずからの持つ社会的な権力を途方もなく巨大な橇として利用して、財産がもたらす眩惑に酔いしれたり、彼の行いや快楽の道徳的な正当性を疑ってかかる者たちの顔を殴ったりするのである。親友によって、そして最も愛していたと思っていた妻によって正体を暴かれてしまったケーンは、死の直前に、幼年期を失ってしまったら世界を征服しても何の役にも立たないと認めるのだ。

たった一本の映画に基づくだけでは、ウェルズ作品に幼年期への妄執《オブセッション》があることは疑わしいとすれば、『偉大なるアンバーソン家の人々』が決定的な確証をもたらしてくれるだろう。今回はオリジナル脚本ではなく小説が用いられ、その筋書きがあらかじめウェルズに課せられていたにもかかわらず、彼はティム・ホルト演じる主人公にケーンと同じ強迫観念を持たせることができた。ジョージ・ミナファーがフォスター・ケーンの写しであるということでは微塵もない。このアンバーソン家の跡取りがその中でもがいている社会的背景、歴史的な時期、伝記的な状況は、彼の生きる個人的なドラマにまったく違った見かけを与えている。とはいえ、彼が母親にどうしようもなく執着し、実業家ユージーン・モーガン――経済と社会の変遷を同時に表している――の「母親への」愛に反対することを通じて、幼年期の世界、彼が王であったあの世界に対する同様のエゴティズム的な「固着」がみられるのである（ルイ十四世風の奇妙な服を着た幼いジョージが頑として謝ろうとしないシーンは、きわめて意味深長である）。

だが、脚本に浮き出ている透かし模様のこうした安易な読解にも増して、『市民ケーン』と『偉大なるアンバーソン家の人々』における幼年期のテーマが根本的にうそ偽りのないものであることを私たちに納得させうるのは、物語や演出に意義深い細部――しかも、明らかに熟慮されたものではなく、もっぱらそれが持つ情動の力が作者の想像力に命じて生み出された細部――が導入されているということだ。たとえば、いかにも子供っぽい夢想にふさわしい、雪に対する好みが繰り返しみられることが挙げられる（『恐るべき子供たち』の雪玉が思い出される！）。雪への郷愁《ノスタルジー》は、私たちが人生の初めに興じた遊びと結びついている（その白さと曖昧な堅さが幼年期の邪な無垢さにとりわけふさわしいという、雪に特有の象徴性もおそらく付け加えるべきだろう）。『アンバーソン家』で、ジョージのルーシーに対する初めての愛のこもったキスは、雪の中に転げ落ちたという口実に覆い隠されている。もうひとつの細部を、今度は脚本から挙げよう。ケーンとスーザンの交際は、孤独なケーンが郊外の家具倉庫まで徒歩で、母親のかつての所有物をもう一度見に行ったときの出会いにさかのぼる。エゴティズムと社会から肯定されることへの欲求を介して、幼年期のテーマと間接的に結びつけられているものとして、ケーンが彫像に対してみせる常軌を逸した好み——それを通じて、彼は明らかに、自分自身が彫像になるという不可能なことを追求している——もある。▲

このままさらに続けて、あまりにも多くの事例を挙げることは慎んでおこう——そうした事例は枚挙にいとまがないのだが。というのも、私の意図は、少なくとも以下の二つの理由で、オーソン・ウェルズの美学的な精神分析を行うことではないからだ。第一の理由は、そのような操作を真剣に行うには、全作品をその最も細かな部分に至るまでもっと掘り下げて検討しなくてはならないということ、第二の理由は、その操作が私の主張にとってはまったく不要であるということである。私としては、幼年期の強迫観念の表れであるような劇《ドラマ》のテーマや映像――ウェルズがそれを表現する際に精神分析的なタイプの脚本にいっさい頼っていないだけに、その表れはいっそう反駁しがたい――がウェルズ作品に存在することを読者が納得してくれればそれで十分だ。『市民ケーン』と『偉大なるアンバーソン家の人々』は、何年か前からハリウッドが量産し、私たちを取り囲んでいるフロイト主義に基づく映画作品の正反対である。精神分析家がそこで利益を得るにしても、それはヴィクトル・ユゴーや、エドガー・ポーや、ボードレールにおけるのと同様で、決してサルバドール・ダリの絵におけるのと同様ではない。映画史においては、唯一、エリッヒ・フォン・シュトロハイムの作品だけが、知的な意味ではずっと洗練されていないとはいえ、それでも同等の率直さでもって、同じくらいはっきりとその作者の姿を洩らしている。ウェルズは、自分の描く主人公たちについて、ましてや彼自身について、何らかの主張を提示するということはいっさいなく、逆に彼らを、単純な道徳的判断にはまったく還元できない明白な事実《エヴィデンス》として私たちに向けて投げかけてくる。『市民ケーン』への前口上として、彼はこう書いている。「皆さんがケーン氏のことをどう考えるかは分かりませんし、想像すらできません。さて、彼の役は私自身が演じました。ケーンは英雄にして悪党であり、ろくでなしにしていい奴であり、大いに恋い焦がれる偉大なアメリカ市民にして卑劣漢です。彼の何について人が話しているのかによって違うのです(6)」。ここに香具師の挑発や、予防線を張る前置きを見て取らないようにしよう。確かに、私たちはケーンを糾弾するし、いくつかの理由から、ウェルズもまた彼を糾弾していると考えられる。だが、そのような裁きは全面的なものではない。というのも、ケーンが私たちの共感を呼ぶ理由もたくさんあるからだ。友人たるジョゼフ・コットンと同じく、私たちはケーンを心ならずも見捨てる。決断を下すことなしに生きることはできないからだ。だが、どんな権利で私たちはケーンを裁くのか。神の裁きが私たちの裁きを追認すると確信できるのだろうか。ジョージ・ミナファー・アンバーソンも私たちのうちに同じ居心地の悪さ、苛立ちと共感が混ざり合った同じ感覚を引き起こす。こうした登場人物たちは、人生と同じように、私たち自身と同じように、両義的で曖昧なのだ。

私は思い切って、曖昧さこそが映画において紛れもない価値のしるしであると主張しようと思う。映画作品の大多数は、実のところ、連続小説やメロドラマの水準を超えていない。大衆は、この［映画という］見世物《スペクタクル》に直接的で明快な効率性——混乱の反対——を求めているので、善人と悪人、共感できる人物と裏切り者をはっきり見分けられないことにはほとんど耐えられない。ある種の脚本は場合によっては洗練されており、多かれ少なかれすぐれた心理的な繊細さを見せてはいるものの、映画は今でもほとんど、かつてメリエスの夢幻劇を司り、古き良き西部劇をなお支配している善悪二元論を超えていない。すべてがさほど単純ではないような世界、たとえ私たちの抱く共感に反していても、自由に態度を決定しなければならないような世界を敢えて私たちに課してくるような映画作品はごくわずかしかない。

ただひとり、シャルロ［チャップリンのフランスでの愛称］という人物だけが、最大限の曖昧さを持ちながら、最も広範囲にわたる人気を得ることができた（確かに、この曖昧さは秘められたもので、ヴェルドゥー［『殺人狂時代』の主人公］がその曖昧さを明るみに出したとき、観客の意見は割れた）。ウェルズは、自分の映画作品の土台に果敢にもかなり複雑な登場人物たちを置いて、私たちの糾弾と共感を同時に要求することで、映画界に行き渡っている安直さに逆らって進んだ。彼は映画を、最も進化した物語《レシ》の芸術――つまり、小説――に少しだけ近づけたのである。

3――『市民ケーン』から『マクベス』へ

幼年期への妄執は、『市民ケーン』と『偉大なるアンバーソン家の人々』では容易に見出すことができたが、確かに『恐怖への旅』、『上海から来た女』、『マクベス』にはほとんど痕跡をとどめていないようだ。『恐怖への旅』についてはは論じずにおこうと思う。推理ものの豪快で自由奔放な作品であり、ここではその遊戯趣味のせいで、さまざまな思いつきを密かに導入する余地があまり残されていない。しかし、『上海から来た女』は、その推理もののプロットが奇妙奇天烈で、登場人物たちも断固として勝手気ままであり、演出においては形式的な遊戯が果てしなく繰り返されるにもかかわらず、オーソン・ウェルズがおそらく『市民ケーン』に劣らず自分自身を盛り込んだ、きわめて意義深い作品である。型にはまった性質をもつ押しつけられた脚本と、リタ・ヘイワースという流行りのスターの存在――その振る舞いが、物語のあらすじよりも、有無を言わさぬ重みを持ってしまうような人物——は、オーソン・ウェルズをがんじがらめにしていたと思われる。これはＲＫＯが彼に託した最後の作品で［訳註4を参照］、スタジオはこうした脚本に基づき、リタのようなスターが出演すれば、ウェルズも多大な商業的損失をもたらすおそれはないだろうと考えたのだった。ほんの五年前に、身動きが取れなくなっていたＲＫＯを二十五歳の時代の寵児《ワンダーボーイ》の気まぐれに委ねたきわめて偏った契約から、すでにどれほど遠ざかっていたことだろう。ウェルズは、この映画作品を拒否するよりも、むしろゲームに参加するふりをすることを受け入れた。彼はもう、みずからの自由をあからさまにハリウッドに押しつけることができる立場にはなかったので、少なくとも、［ハリウッドという］機械のありとあらゆるバネ仕掛けをこっそり狂わせてしまおうとしていたのだ。元々の推理もののストーリーからはもはや大したものは残っていないはずだが、とはいえそれを確かめるためにも、そのストーリーを語ることができなければならないだろう——しかし、監督自身は明らかに、そこで自分の場所を見極めるのを断念してしまった（彼自身が私にそう言った）[7]。登場人物たちはこの上なく勝手気ままに出入りし、必要とあらば殺し合い、同じように甦る。美しきリタについて言えば、彼女はこのゲームにおいて、悪魔的でも天使的でもあるような、奇妙な役割を演じている。彼女は粗野な水夫マイケル・オハラにとっての悪霊であると同時に、彼の犠牲者でもあるのだ。ウェルズが明け方に、人気《ひとけ》のない遊園地の砕けたガラスが散らばるなかで瀕死のリタを見捨てるとき、彼は単に、ハッピーエンドを欠くにしても少なくともスター女優が主人公の腕の中で死ぬことを要求する大衆に対して挑発行為を犯しているだけではない。彼は壊れた玩具と消滅しかかっている作り話を手ずから放棄し、例の扁平足の重い足取りで、背中を丸めて、口には夜明けの吐き気を覚えながら、サンフランシスコの青白い日の光の中に逃れてゆき、彼の黄金の声が合唱隊《コロス》のごとく、主人公が勝手口を通って幻影の宮殿から脱出するのに註釈を加えるのだが、その註釈はこう語る。「彼女は死んだ。いまや彼女を忘れようとしなければならない。私が無罪であることは明らかになる……。だが、無罪か有罪か、それには何の意味もない。重要なのは、うまく年を取る術を知ることだ(8)」。

「無罪か有罪か……、重要なのは、年を取る術を知ることだ」。私たちはケーンの妄執からかくも遠ざかっているのだろうか。この台詞に主人公の幼年期への仄めかしをもはや見出せないとしたら（この作品はそもそも主人公について何も教えてくれないし、彼は始まりと終わりで何も変わっていない）、それは、『市民ケーン』から『上海から来た女』、そして『マクベス』に至ってウェルズのメッセージが純化され、もはや私的で個人的な心理的象徴体系に頼らずとも、善と悪、有罪と無罪が主人公の引き裂かれた意識のうちに共存するような倫理的な悲劇を表現できるようになったということなのである。

『マクベス』では、ウェルズは確かに、『上海から来た女』でのような密輸の自由を得ることはできなかった。熱狂的なシェイクスピア好きであるウェルズの意図は、このエリザベス朝演劇に、かつて舞台でなしえたよりもなおいっそう忠実に仕えることにほかならなかった。だが、彼の役作りと演出は、一見したところ技法面では彼の他の映画作品とは懸け離れているようにみえるにもかかわらず、私たちがこれまで前三作における その歩みをたどってきたテーマ群の弁証法を裏付け、仕上げている。悪趣味な舞台背景にショックを受け、激しく憤慨する者もいた——その悪趣味は、物質的な意味での明白な貧しさ、技法としてのデクパージュ（これについては後に再び話題にする）、RKO作品の形式面での偉業に続いて急に面食らわせるような平凡さで現れた撮影術によってさらに強められている。この作品は、間違いなくその対極に位置づけられるローレンス・オリヴィエの『ハムレット』と同時にヴェネツィアに出品されたことで、大いに被害を被った。大衆の選択、いや批評家の選択さえも、『ハムレット』の豪華さ、豊かさ、造形的な魅力と、『マクベス』の不格好さ、貧しさ、飾り気のなさの間であらかじめなされていた。とはいえ、真の演劇がそれにもかかわらずオーソン・ウェルズの側にはなかったのかどうか、まだ分かっていないのだ。もちろん、私たちがウェルズの悪趣味や、彼の衣裳の不格好さを称賛することはないだろう。いずれにせよ、舞台背景も美しいに越したことはない。だが、あらためて述べておけば、趣味というものは、それが相対的であることは言うに及ばず、根本的な美的価値ではない。別の趣味を好むこともできるのだ。私たちにとってはるかに重要なのは、ローレンス・オリヴィエによるフロイト的なハムレットと、オーソン・ウェルズによる天国と地獄の間で引き裂かれたマクベスという二つの解釈のどちらがより豊かで、先に進んでいるのかを知ることだ。▼タールの塗られたボール紙による舞台背景、獣の皮を身に纏い、節くれ立った木で作られた十字架のような槍の類いを振りかざす粗暴なスコットランド人たち、水がしたたり、立ちこめる霧のせいで空を見分けることもできず、その空には星が瞬くのかどうかも疑わしい異様な場所——これらは文字通り、有史以前の世界を形作っている。といっても、われらが祖先ガリア人、あるいはケルト人の先史ではなく、時間や罪が発生し、天と地、水と火、善と悪がまだはっきりと分け隔てられていないような、意識の歴史が始まる前の世界である。マクベスは、まさにこのぬかるみ、魔女たちの呪文によってはまり込んでしまった土と水の混ぜ物の似姿として、芽生えかけの意識のごとく不分明なこの世界の中心にいる。だから、この舞台背景は不格好に思えるかもしれないが、少なくとも、大地の劇《ドラマ》たるものの変容過程《メタモルフォーズ》を示すことで、マクベスの形而上学的な劇《ドラマ》を喚起しているのだ。ケーンにみられた心理的な曖昧さは、ここではその伝記的な事件の数々からすっかり清められている。マクベスの心理的な曖昧さ——それは彼が犯した罪のなかに埋め込まれているのだが、それでも私たちは彼のうちに、不思議なほど無垢な側面と、恩寵と救済の可能性のようなものが煌めくのを感じ取る——は、当初のケーンの劇《ドラマ》を、倫理と詩情の最も高められた水準に移し換えている。*▲

もしオーソン・ウェルズが存在していなかったら、きっとグレアム・グリーンがこのマクベスを作り出していただろう。

＊［四七頁］……プロ・デオ会を率いる神父フェリックス・O・モーリオン師(9)は、ウェルズに、マクベスは救済されたと思うかと尋ねた。それに対するウェルズの答えは、「たぶんね」だった。

4――主題の深さから画面の深さへ

私たちは確かに、ウェルズの全映画作品がもたらしうるテーマを汲み尽くそうとはしてこなかった。ウェルズ作品をまったく異なる観点から分析することもできただろう。幼年期の不安げな探求と同じくらい、『市民ケーン』はアメリカの資本主義の最も意義深い情景のひとつであるし、私たちは『偉大なるアンバーソン家の人々』における社会の描写が厳密で効率的であることを知らないわけではない。だが、私たちはそれぞれの脚本の特殊性にこだわるよりも――それも他の視点にとってはきわめて重要なのだが――、むしろ全作品に共通する下部構造を明らかにする方を選んだ。読者が納得してくれたのなら特に幸いに思うのは、ウェルズ作品が、宣伝上のはったりや手品師の術策を超えて、真面目で深みのあるものであるということだ。実際、ウェルズと映画の話をすると、彼は主題の根本的な重要性を強調する。[10] 彼の言葉を聞くと最初は、『市民ケーン』の驚異的な形式的想像力からウェルズへの称賛の念が生まれた人は面食らってしまうが、いくつかの技法面での曲芸を除けば、芸術的な創意は、ウェルズにおいてはつねに、親密な表現の追求や、登場人物たちの創造や、世界の見方に従属するということがすぐに分かる。彼は劇場では、途方もないがらくたを積み上げることがあった。彼が前舞台《プロセニアム》にやって来て、観客に次のように宣言した、あの「初日」の夜のように。「通し稽古に招待した批評家たちが書くには、私は象とミシン以外のあらゆるものを劇の中に入れたということだが、それは間違っている。ほら、ご覧なさい」。すると、二人の大道具係がミシンと象を運んできたのだ。

だが、彼はシェイクスピアを黒い幕の前で、あるいは舞台奥の煉瓦壁の前で上演したこともあった。『偉大なるアンバーソン家の人々』は金をかけた映画作品だったが、『マクベス』は安上がりの舞台背景を使って二十一日間で製作されたし、私はヴェネツィアでウェルズがほとんど人目をかすめて、紐の切れ端と擦り切れた衣裳を使って『オセロ』を撮影しているのを見た。ウェルズは、ハリウッドについて語るとき、監督たちに最も欠けているのは詩情［poetry］であると言う。つまり、詩的な創意、個人的な世界の創造ということである。とはいえ、ウェルズはまさに自分に固有の世界を作り出す力を持っていたからこそ、また彼がまず第一に登場人物たちの創造主であり、モラリストでさえあるからこそ、有無を言わせぬ独創性でもって映画の形式を転覆させることができたのだ。だから、形式と内容という偽の問題に騙されないようにしよう。いま、以下に続くページで、分析の必要上と批評の明晰さのために、オーソン・ウェルズの「技法」について語らなければならないとしても、いくつかの華々しい箇所を除けば——とはいえ、そうした箇所も非常に心地よいのだが——、手法の新しさがこれ以上に厳密なかたちで、主題が要求するものと不可分だったことは滅多にないことが分かるだろう。

オーソン・ウェルズの映画的技法を定義すると言い張るのはなかなか難しい。その技法がすでに非常に多彩だからでもあるが、それ以上に、ウェルズは厳密な意味でのスタイルを持っていないからである。スタイル、それは彼のことなのだ。彼はスタイルを思いのままに取り替える。変わらないままなのは、彼自身と、誰の目にも明らかなリズムとトーンをきわめて多彩なジャンルに押しつける彼の個性だけなのだ。

演劇から映画へ

本研究の最初に示唆したように、ウェルズが何よりもまず演劇人、現代的な見世物《スペクタクル》が用いる諸々の手段に見合った演劇の人であることが確かであるならば、彼の演出全体のはじめには俳優がいる――まずは、彼が最もうまく指導する俳優、つまり彼自身が。もしウェルズが成功しなかったならば、もし幸運が彼に微笑まなかったならば、もしCBSラジオがかの有名な火星人襲来の番組を土壇場になって取り消していたならば、ブロードウェイはアメリカで最も輝かしい劇団と最も独創的な演出家――少なくとも、目下のところ――を手にしていることだろう。ウェルズが俳優の指導にかけては並ぶ者がいないほど優位に立っていることに異議を差し挟むには、大いに盲目であるか、悪意を持っている必要がある。『市民ケーン』のほぼすべてのキャストはマーキュリー劇団の出身で、スタジオに立ち向かうのは初めてのことだったが、彼らを指導する二十五歳の演出家も、最初の映画作品を手がけているのだった。映画史にはおそらく同じくらいうまく演じられた作品はあっただろうが、ジョゼフ・コットンやアグネス・ムーアヘッドやドロシー・カミンゴアには及ぶまい……。『アンバーソン家』について言えば、それまでほとんど西部劇の端役しか演じていなかったティム・ホルトが、大いなる確信と強烈さでもって役に扮しているので、私たちの頭の中で彼はオーソン・ウェルズと混じり合う――彼は明らかに、ウェルズの代弁者にすぎない。ルーシーの役を演じるアン・バクスターは、たった一度、作り笑いをするだけで、役柄が要求する苦悩や嬌態や高慢さをことごとく表現するに至っている。だが、ウェルズの作品群における役作りで、きっと個々人のすぐれた成果以上に大きな驚きを与えるのは、演技に統一的なトーン、まとまり、全体としてのリズムがあるということだ――演技が目に見えてあるひとつの意志によって生命を吹き込まれており、ひとりひとりの俳優はその意志と親密に調和しているのだ。おそらく、俳優たちが互いに合わせて演技をし、それぞれが担当するパートを同じひとつのテンポに合わせることを可能にするそうした共犯関係は、演劇人だけが映画にも伝達しうるものなのだ。その点にこそ、『恐るべき親達』〔ジャン・コクトー監督、一九四八年〕が奇跡的な成功を収めた秘訣があるのかもしれない。役者たちは舞台で何度も「下稽古」をしていたため、カメラの前で台詞を寸断しても、彼らの出発点をなしているリズムを失わずに済んだのだ。ウェルズは、『市民ケーン』の場合のようにみずから出演していようと、自分の役者たちが踊るバレエを舞台裏から指導していようと、自分の映画作品の役作りを一〇〇パーセント支配している。アグネス・ムーアヘッドのような偉大な俳優は、彼の演技指導のもとでは荘厳なまでになり、それほどうまいわけではない者もここでは完璧な姿を現す。全員が、彼らに生命を吹き込んでいる者と同じリズムで息をしているのだ。ここでもまた、映画史のなかで比肩しうる名前は三つか四つしか挙げられないだろう。チャップリン、シュトロハイム、ルノワールといった名前だけしか……。

技法から言語へ

さて、ウェルズの演出の分析をさらに先に進めたいのであれば、これからは二本の映画作品をいささか恣意的に他から切り離して考えなければならない。『市民ケーン』と『偉大なるアンバーソン家の人々』である。この選択は、二つの理由に基づいている。

『市民ケーン』は、間違いなくウェルズの映画作品のなかで最重要のものであり、おまけに最もよく知られている。『偉大なるアンバーソン家の人々』はその作者が最後まで手がけたわけではなかったし、ウェルズも自分が全面的にその作者であるとは認めていないのだが、にもかかわらず、これは『市民ケーン』と並んで――『マクベス』を別とすれば――、私たちの知るなかで最もウェルズ的な映画作品である。ところで、この二本にはさらに、ほぼまったく同じ撮影とデクパージュの技法に従って演出されているという長所もある。そのため、どちらかに基づいて立てられた仮説をもう一本で確かめることができるだろう。結局のところ、現在に至るまで、ウェルズがスクリーン上の技法に対してもたらした最も独創的な貢献を形作っているのは、何よりも『市民ケーン』、そして付随的に『偉大なるアンバーソン家の人々』なのだ。『恐怖への旅』の悪ふざけと『上海から来た女』のブラックユーモア風のパスティーシュは、それ自体では、作者の個性について教えてくれるところはあるが、演出の歴史には何ももたらさない――逆に、『市民ケーン』はまさにその歴史のあらゆる規範を転覆させにやって来たのである。『市民ケーン』を何度も見て、その演出について予断ぬきで多少なりともじっくり考えてみると、剽窃であるとか、奇抜な形式を使っているといった非難は、その不合理と悪意によって、あきれたものに思えてくる。確かに、ウェルズは自分の技術者たちに突飛な作業方法を押しつけ、スタジオの通常の労働条件下ではほとんど実現不可能とされる諸効果を彼らに要求した。ウェルズは撮影開始前にセットで何週間もかけて、機材の使い方とその可能性について説明を受けながらも、技術者たちがある種の成果を実現できないと断言したときには、たいてい彼らの言うことを聞き入れようとしなかった。自分の「すばらしい電気機関車」をいじくる際に、甘やかされた子供の陶酔のようなものを覚えたということにも、どちらかと言えば大目に見られることとしか見当たるまい。いずれにせよ、ウェルズは今日、『市民ケーン』は「がらくた」を不必要なほど伴っており、自分の好みとしてはあまりにバロック的な映画作品であると明言している。だが、そうした些細な藁屑によってこの映画作品を非難する者は、目の中の梁のせいで[11]、創意工夫を凝らしたスタイルや、『市民ケーン』が端から端までその証明であるところの、主題の深遠な意図に対する形式の鮮やかなまでの適合の数多の事例が見えていないのだ。ウェルズは長い時間をかけて、ニューヨーク近代美術館のシネマテークが保管しているコレクションを見たとも言われているが、私はそのような主張の確証を何ひとつ見出せなかった。私が知っているのは、ウェルズについて語るときに名前が挙がる映画作品のほとんどを彼自身は見ていないと言っていること、そして彼がドイツ表現主義の流派を嫌っているということだけだ。(12)しかし、映画の何たるかをまるで知らずに映画作品を撮ることになった二十五歳の演劇の演出家が、映画史のうちの三十年を数日間でわがものにして、そのうちちょうど自分の気に入ったところを使う才能を持っていたとしたら、それはむしろ彼の長所にさらに付け加わるはずのことだろう。逆に、その点でウェルズを非難する多くの人々は、伝統的な演出の轍の中を十年か二十年前から這い回っており、それだけが唯一可能なものではないことを想像できずにいる。しかも、ウェルズがみずからの模範となる古典に目を通したのだとしても、彼は他のどんな芸術の場合でも通常称賛されることとしかしなかったということになるだろう。ジッドがモンテーニュを読んだからといって、誰も彼を非難しようとは思うまい。問題のうわべにとどまっている他の同じくらい不毛な議論については触れないことにしよう。

それよりも、おおむね時宜を得て大いに議論を巻き起こした、例の「奥行きの深い画面［profondeur de champ］」について説明した方がよい。私は「反ウェルズ主義者」に対して、弁護人たちが書いたもの（私のものも含めて）は必ずしも彼らの書いたものよりも明快ではなかったし、引き合いに出された論拠や、提示された説明は、時には警戒心を招くものだったということを認めるのにやぶさかではない。熱狂は邪険よりもつねに良い忠告者であるとは限らないのである。多少の時が経って、興奮も和らいだ今日、ウェルズの技法の新しさがアメリカの映画製作でよくみられるものになった今日こそ、その技法の内容と射程を評価するにあたってより機が熟しているのだ。

作品をもっぱらそれ自体で把握するべく、作者の主観的な意図から切り離された批評的な観点にまで論争を高めるのに先だって、ウェルズがどのようにして、私たちの知る撮影スタイルをグレッグ・トーランドにおのずと要求するに至ったのかと自問するのも興味深いかもしれない。そうすれば、ウェルズが同業者たちやブルジョワの肝をつぶしたかったのではなく、真摯な芸術家としての意図を持って最も適切な表現を探し求めたとする方がもっともらしいことが確認されるだろう。

すでに指摘したように、演劇人であるウェルズは、俳優の優位に取り憑かれている。

演じられるシーンは、彼にとって、時間と空間の中でひとつの全体を形作っている。俳優の演技は、中心人物たちや舞台背景との生き生きとした敏感な結びつきのうちに保たれなくなってしまったら、その意味を失い、切断された手足のごとく、劇的な血が通わなくなってしまう。他方、シーンはその持続においてコンデンサのように電荷を蓄えていくので、ついにその劇的な電圧が十分な数字に達して、アクション全体がそれに向けられているところの火花を起こすことになるまで、シーンによけいな接触がいっさいないような状態を念入りに保ち、それに手を触れないように気を付けなければならない。

たとえば、『アンバーソン家』におけるウェルズお気に入りのシーンを取り上げてみよう。台所で展開される、ファニーとジョージ、そして後にジャックが出てくるシーンである。このシーンはちょうど一〇分、つまり三百メートル、映画フィルムのまるまる一巻の時間にわたって続く。カメラは最初から最後まで、ファニーとジョージに向き合ったまま動かない。[13] ジョージはたった今、母親と一緒に旅行から帰ったところで、台所に駆け込んで、叔母が用意したクリーム・タルト〔台詞では「苺のショートケーキ」〕をむさぼり食う。このシーンにおいて、「実際のアクション」および「口実としてのアクション」と呼びうるものを区別しよう。実際のアクションは、ユージーン・モーガンに密かに恋い焦がれているファニー叔母の不安であり、彼女は無頓着を装いながら、ジョージが母親と旅行したときにユージーンもいたのかどうかを探ろうとしている。画面いっぱいに広がる口実としてのアクション——ジョージの子供っぽい大食らい——は、わざと無意味なものになっており、ファニー叔母の遠慮がちだが痛ましい内心を覆い隠している。これらの二つのアクションには二つの台詞が対応しているが、数少ない狡猾な問いかけから成る真の台詞は、甚だしく平凡なもう一つの台詞、ファニーがジョージに、あまり急いで食べてはいけないとか、タルトに砂糖をかけなさいなどと勧める台詞のうちに、いわばカムフラージュされている。古典的なやり方で扱われていたら、このシーンはいくつかのショットに切り分けられて、実際のアクションと見せかけのアクションがはっきり区別できるようになっていただろう。ファニーの気持ちを示唆するいくつかの言葉がクロースアップで強調され、やはりその瞬間のアグネス・ムーアヘッドの演技を味わうことができるようになっていただろう。要するに、劇《ドラマ》のコンティニュイティはウェルズのそれとは正反対だっただろう——ウェルズは、二人が取るに足らない会話を交わしている最中にいきなり爆発するファニー叔母の最終的な神経の発作にまで最大限の効率で私たちを連れて行くべく、重々しい客観性でもってその会話を押しつけてくる。中心人物たちの実際の気持ちと見せかけの振る舞いの間に刻一刻と生み出されていく緊張に、私たちが少しずつ耐えられなくなっていくようにする方が、はるかに巧妙な（かつ、より演劇的な）ことだったのである。ファニー叔母の苦しみと嫉妬は、最後に、予期されていた嵐のように襲来するが、その嵐がいつどの瞬間に、どのくらいの激しさでやって来るのかは正確に予想できずにいた。シーンの展開をはっきりと知らしめるようなごくわずかなカメラの動きやクロースアップがあったとしたら、私たちがアクションに心底から参加するよう強いているこの重苦しい魅力は打ち砕かれてしまっていただろう。後に再びウェルズのデクパージュを他の観点から取り上げて、同じ典型的なやり方で構築されたいくつかのシーンを分析する機会があるだろう。明々白々なのは、グレッグ・トーランドの撮影技法だけが、アクションをこのように引き立たせるのを可能にしたということだ。[14]シーンの意義深い統一性をいつどの瞬間にも当てにしたいのであれば、また、アクションを構築するにあたって、登場人物たちと彼らの環境の関係を論理的に分析することにではなく、そのような関係を劇的な諸力として物理的に知覚することに基づきたいのであれば、さらに、その関係が進展して、ついにはシーン全体がこれまで蓄積されてきた圧力のもとで爆発する瞬間にまで私たちを立ち会わせたいのであれば、スクリーンという額縁が何としてでもシーンの全体を見せることができなければならなかった。だからこそ、ウェルズはグレッグ・トーランドにこの難題を解決するよう求めたのだ。▲ 実際、周知のように、少なくとも人工照明を使った撮影の場合、非常に深い被写界深度［profondeur de champ］を得るのはほとんど不可能だ。レンズの絞りを陽光の下で撮るときよりも大きく開かなければならないのと、柔らかくて作り込まれた照明をたびたび追求する必要があることが、技術面でのその主要な理由である（一九二〇年以来の光学的な探求が、まったく別の写真的特質に促されて進んできたことも、おそらく付け加えておくべきだろう）。理論的には、この問題を解決するのは、アマチュア写真家にとってと同じくらい簡単だ。十分にレンズを絞ればよいだけなのだから。だが実際には、この操作は照明の技法全体を転覆させ、柔らかな光のスタイルとあまねく実施されている明暗法を放棄するように仕向ける。この技法に内在するリスクを受け入れるには、グレッグ・トーランド級の撮影技師が必要だった。というのも、奥行きの深い画面がフィルムの感度とレンズの絞りの問題にすぎないと考えるとしたら、それはあまりにも単純だからである。古典的なデクパージュにおいて、たとえば三つの主要なショットを含むようなシーンで、撮影技師が一度にひとつのショットの鮮明さだけを気にかければよく、残りのショットは綿のようにぼかしたままにしておくことができる場合（特にクロースアップにおいて行われるように）、彼は照明と舞台背景の「つなぎ」をそのショットに関してだけ案ずればよい。逆に、撮影技師がたとえば横二〇メートル、縦三〇メートルで、複雑な舞台背景を含み、前景にも後景にも複数の俳優が配置された空間をあらわす映像を取り扱うとき、彼は撮影における重量挙げ選手なのだ。その場合、普段からよく行き当たる困難が著しく増大する。ゆえにウィリアム・ワイラーは、同じく全面的に奥行きの深い画面を使って撮られた自作『我等の生涯の最良の年』［一九四六年］に関してグレッグ・トーランドを話題にしたとき、いくつかの光学的な問題を解決する術を心得ていたことよりも、奥行きの深いシーンのフレーミングとつなぎの技能を持ったアメリカでただひとりの撮影技師であることで、彼を称賛したのである。

しかし、シーンがその奥行きに至るまで鮮明であるだけでは、ウェルズの演劇的な方針にとっては十分ではありえず、奥行きの深い画面のいわば「横方向」版も必要だった。そういうわけで、グレッグ・トーランドは超広角レンズを使って、撮影のアングルを肉眼による通常の視覚のアングルに近づけたのだった。そのような広角レンズこそが、もしかしたら奥行きの深い画面よりもずっと、『市民ケーン』における映像のスタイルを特徴づけているのかもしれない（『我等の生涯の最良の年』では、グレッグ・トーランドはむしろ「長焦点レンズ」に頼って、狭いアングルと望遠レンズのような効果をもたらしていたようにみえる）。何よりもまず、その視野角が例外的なまでに広いために、スタジオの上部構造を隠すための天井が不可欠になった。天井の設置によって、とりわけ照明の問題は、強い光が必要だっただけになおさら、込み入ったものになったはずだ。光を透過する薄い布地《チュール》でできた偽の天井を使って、何度も天井があるように取り繕わなければならなかった。[15] 広角レンズは、その使用と引き換えに、映像の遠近法を目に見えて歪める。ものの長さが伸びてしまう印象を与え、奥行きの深い画面の効果がそれをさらに際立たせる。私は、ウェルズがその効果を計算尽くで準備していたとまでは言わないが、ともかく彼はそれを利用した。映像が奥行き方向に引き延ばされ、それがほとんどつねに仰角でなされる撮影と組み合わされているため、作品全体で緊張と葛藤の印象が生み出されている――あたかも映像が私たちに向けて倒れかかってくるか、あるいは裂けてしまうかのように。こうした映像の物理学と物語の劇的な形而上学の間になるほどと思わせるような親和性があることは、誰も否定できないだろう。天井に関して言えば、それはとりわけ『アンバーソン家』において、あらゆる方向から舞台背景がのしかかってくるような閉じられた世界のうちに登場人物たちを位置づけるのに寄与している。モーリス・シェレールは、映画における空間についての注目すべき重要な研究で、*映画の映像において空間的構造が果たす役割を見事に明らかにした。そもそも、運動の向きがもたらす意味作用は、絵画においてはずっと前から認識されており、今日では誰もがこぞってエル・グレコの例の垂直方向の歪曲に目をみはる。ではいったいなぜ、伝統的な芸術においては意味と高い美的価値が詰まっていると言われるものが、いざ映画のこ

*……『ラ・ルヴュ・デュ・シネマ』一四号。(16)

となったとたんに突然、高尚な手法ではなくなってしまうのだろうか。なぜ、オーソン・ウェルズがひとつの作品全体に形式面での同様の特殊性を刻印すると、うぬぼれ屋にしてははったり屋でしかないことになってしまうのか。なるほど、オーソン・ウェルズは仰角の発明者でもなければ、初めて天井を使用したわけでもないが、彼が技法にものを言わせて、形式面でのできばえによって私たちを驚かせたいと望んだときには『上海から来た女』を作ったのであって、『市民ケーン』において仰角が執拗に使われている場合には、まったく反対に、私たちはその影響を受け続けていながら、すぐさまそれをはっきり意識しなくなるのである。したがって、ずっと信憑性が高いと思われるのは、この手法が、私たちに劇《ドラマ》のある種の見方《ヴィジョン》を押しつけるという、明確な美学的意図に対応しているということだ。その見方は、地獄からの見方と呼ぶこともできるだろう——下から上への視線は地球からやって来るようにみえるからだ。*その一方で、天井は、舞台背景に少しでも隙間ができるのを禁じることで、この呪いの避けがたい宿命に仕上げを加えている。ケーンの権力欲は私たちを押しつぶすが、それ自体、舞台背景に押しつぶされている。カメラを介して、私たちはいわば、ケーンの権力が私たちに耐え忍ばせるのと同じ視線で、彼の挫折を感じ取ることができるのである。

私たちはこれまで、ウェルズがどのような技法を好んで使用しているかということを、彼の創作者としての心理に基づいて、彼の過去や彼の嗜好と関連させながら示唆しようと努めてきたが、私たちの分析に備わる射程を制限しないためにも、そのような主観的な視点は放棄しなければならない。ウェルズの意図——それが意識的なものであろうとなかろうと——が何であったにせよ、私たちが作者について知っていることとは無関係に、彼の作品群がそこに存在していることに変わりはない。映画の進化における『市民ケーン』の影響、この作品が持つ模範的な重要性は、私たちが註釈しようとしてきた劇《ドラマ》の演出における感嘆すべき教えをはるかに凌駕する。ある特定のアクションを独創的な

*………どんな写真家でも知っているように、下からの照明は顔に悪魔のような性質を与えるのに対して、上から落ちてくる光は被写体に霊性を付与する。ドライヤーは『裁かるるジャンヌ』で、撮影のアングルが持つこうした意味作用を見事に活用した。

やり方で引き立たせるだけでなく、まさしく映画言語の構造そのもの――一九四〇年頃にはほぼあまねく実践されており、たいていの場合、今日なおそうであるような――をこそ、ウェルズは転覆させにやって来たのである。

『市民ケーン』の物語の明白な独創性や、時間の解体や、視点の多様性については、深く立ち入らないことにしよう。ウェルズは映画におけるそれらの発明者であるとまでは言えないし、この手法は明らかに小説から取ってこられたものである。とはいえ、その手法は少なくとも見事なまでに仕上げられている。これほど徹底的に利用されたことはかつてなかったほどだ。▲スクリーン上で初めて、たとえばドス・パソスの小説に匹敵するものが登場したのだ。というのも、ウェルズは物語の年代順《クロノロジー》の配列を問い直し、それによってみずからの主人公の伝記的時間に挑むだけでは満足せず、複数の食い違う視点を導入することで、そのような存在論的な侵害を完全なものとする。しかも、ケーンが存在するのは最終的にはもっぱら彼が「他人にとって」何であったかによるというだけにとどまらず、ウェルズは、模造されたニュース映画のおかげで、そこに視点ならぬ視点を付け加えている。つまり、写真の客観的な視点によって、彼の主人公は、非常にさまざまな瞬間――ヒトラーと一緒にバルコニーにいるときや、礎石を置こうとしてモルタルを自分の新品のコートにこぼしてしまうときなど――にたまたま捉えられた、フィルム上の痕跡、影、記号にすぎないものに還元されるのである。だが、映画で物語を語るこうした手法には力強い独創性があるが、私にはそれだけがウェルズの才能を最も間違いなく保証しているわけではないように思える――結局のところ、彼はあれこれの小説から着想を得たかもしれないのだから。それ以上に才能の証となるのは、おそらく、彼の応用の仕方が巧妙であるということだろう。このパズルのような劇《ドラマ》を組み立てるにあたって、苦心の跡や不手際はいっさい見られず、それどころか目覚ましい省略の感覚、物語内における計算尽くの空隙を飛び越えるために類似性や対照を用いるとてつもなく巧みなやり方があるのだ。『偉大なるアンバーソン家の人々』は、原則的には、通常の年代順の展開に従って構成されているが、実際には、演出の諸手法によって、伝えられる出来事どうしの間に同様の非連続性がもたらされていることが見て取れよう。ところで、そうした出来事は、心理的なドラマが問題になるときと、その社会的背景が問題になるときとでは根本的に性質が異なっている。その観点からすると、『偉大なるアンバーソン家の人々』の提示部は、この種のやり方の鑑である。ウェルズはそこで一、二分のうちに、主要な登場人物を私たちに一挙に紹介し、プロットの口火を切り、アメリカの小さな田舎町における一八九〇年代の並外れて潑溂としたパノラマを素描するに至っているのだ。

だが、もう一度言うなら、ウェルズの映画作品群のこうした特質に関しては、手早く触れるだけにしておかねばならない。それらの特質を評価するのは、素人の観客であっても、いくらかの善意が残ってさえいれば、特に難しいことではないからだ。ちょっと注意を向けて、考察を加えるだけで十分なのだ。

結局のところ、より［映画に］特有の新機軸、それを作品の統一性のうちに識別するためにはたぶん映画の分析への慣れが要求されるような新機軸にじっくり取り組む方がよいだろう。さらに、そうした新機軸が主題とその取り扱いに全面的に依存しているということも後ほど確かめることになるだろう。

すでに見たように、激烈に異を唱える人もいた奥行きの深い画面の利点は、ウェルズにとって、おそらく登場人物たちと舞台背景を配置するある特定の仕方にあった。しかし、奥行きの深い画面は、天井を建設しなくてはならなくなり、演技のスタイルがより密度の濃いものになること以外にも、多くの帰結をもたらす。まず第一に、技術面での束縛によって、ショットの転換がずっと難しくなる。しかしながら、ウェルズはそのような困難を気にかける男ではなかった——シーン全体をカメラから切り離された視覚の領域で演じさせるという方針が、それ自体としては、ショット転換の古典的なやり方と矛盾するものではないとすれば。しかも、ウェルズはそのような劇的な統一性の維持にこだわりを見せることが非常に多く、カメラの動きを使おうとさえしない——カメラが動くとひっきりなしに再フレーミングが行われることによって、事実上、架空のデクパージュを復元してしまうだろうから。だがここで、より分かりやすくするために、私たちがデクパージュという言葉で何を言わんとしているのか、今一度触れておくのがよいだろう。

どんな映画作品であれ、その目的は、現実の諸々の出来事が、私たちの前で、日常の現実においてと同じように繰り広げられるのに立ち会っているという錯覚を与えることである。だが、この錯覚は本質的なペテンを包み隠している。というのも、現実は連続した空間内に存在するのに対して、スクリーンが実際に私たちに提示するのは、「ショット」と呼ばれる小さな断片の継起だからである——その選択や順序や長さが、まさしく映画作品の「デクパージュ」と名付けられているものを構成する。もし私たちが、意図的に注意を向ける努力をして、表象された出来事の連続的な展開に対してカメラが課す断絶を感知しようとし、それがなぜ自然に感じ取れないのかを理解しようとすれば、そうした断絶がそれでもやはり連続的で均質な現実という印象を私たちのうちに存続させておくからこそ、私たちは断絶を許容しているということがよく分かるだろう。▲ドアノブのクロースアップが挿入されると、それはまさしく私たちがドアノブに視線と関心を集中させているということにほかならないかのように、単にカメラが私たちの眼の動きを先取りしているにすぎないかのように、私たちの精神に受け入れられる。▼現実においては、私たちはすべてを同時に見ることもない。行動を起こしたり、情念に動かされたり、怖れを抱いたりすることで、私たちは無意識のうちに自分を取り巻く空間のデクパージュを行っている。私たちの足や首は、映画を待たずしてトラヴェリングやパンを発明していたし、私たちの注意も同様に「クロースアップ」を行っていた。こうした万人に共通する心理的経験は、デクパージュが実際には本当らしくないということを忘れさせるのに十分であり、観客が現実との自然な関係に関与するようにデクパージュに関与することを可能にしているのだ。

対比として、ウェルズのある典型的なシークェンスを検討してみよう。『市民ケーン』で、スーザンがあわや服毒死しかけるシークェンスである。スクリーンは、ナイトテーブルの背後から眺められたスーザンの寝室に向けて開かれる。カメラにぴったりくっついた前景には、巨大なコップが見え、小さなスプーンと蓋の開いた薬瓶とともに、映像のほぼ四分の一を占めている。コップは、影になった領域に沈んだスーザンのベッドをほぼ完全に隠していて、そこからはただ、麻薬中毒で眠っている人から発されるごとき、かすかな呻き声だけが漏れ聞こえてくる。寝室には他には誰もいない。まるで砂漠のようなこの個室の最奥部には、レンズがもたらす偽の遠近法によってさらに遠くにあるようにみえる扉があり、その背後から、扉を叩く音がする。コップ以外のものを見ることなく、また二つの異なる距離感にある二つの物音以外のものを聞かずして、*私たちは一挙に状況を理解する。スーザンは服毒自殺を遂げるために自分の寝室に閉じこもり、ケーンは中に入ろうとしている、と。このシーンの劇的構造は、何よりも、すぐ近くに聞こえるスーザンの呻き声と、扉の背後にいる夫が扉を叩く音という距離感の異なる二つの音の区別に基づいている。奥行きの深い画面によって距離を保たれたこの二極の間に、緊張が生じている。いまや、扉を叩く音はより重々しくなる。ケーンは肩で扉を打ち破ろうとし、それに成功する。私たちは、彼が扉の枠の中にちっぽけな姿で登場し、私たちの方に駆け寄ってくるのを見る。映像の二つの劇的な極の間に火花が散る。シーンは終わる。

この演出の独創性――あまりに易々と目的を達成しているので、ごく自然にみえるかもしれないのだが――をきちんと理解するためには、ウェルズ以外の誰であっても、いくつかの細部を除いて、必ずそうしたであろうことを思い浮かべてみる必要がある。シーンは少なくとも五つか六つのショットに分解されていただろう。たとえば、コップと錠剤のクロースアップ、ベッドで呻き声をあげる汗ばんだスーザンのショット（その瞬間に、扉を叩く「オフ」の音）、ケーンが扉を叩いているショット、短い並行モンタージュによる「サスペンス」の創出、つまり寝室の内部、次いで外部をとらえる一連

＊〔七三頁〕……紙幅不足のため、ウェルズの、とりわけ『市民ケーン』と『偉大なるアンバーソン家の人々』における音の使い方について今後なされるべき重要な考察を、付記として切り詰めて展開しなければならない。彼はラジオでの経験のおかげで、映画の映像の音響的な部分を刷新することができた。私たちはそのとき、通常はそれがどれほど平板で型にはまったものであるかということに気づく。ウェルズは、ある音がもたらす意味作用をできる限り劇的に活用するだけでなく、音を空間内に配置したときの立体感――それは音響的に奥行きの深い画面にほかならない(17)――によってもそうするのだ。そのために、彼は電位差計に頼ることなく、遠ざかっていく音を小さくしようとした。電位差計を用いる通常の手法は、斜投影図法で描かれた素描と同じくらい平板な、偽の立体感をもたらすので、彼は思い切ってマイクを音源から遠ざけたのだ――たとえば、スーザンがやっとのことで大アリアを歌っている間に、カメラが簀の子まで登っていくオペラハウスの見事なシーンにおいて。他の無数の例のうち、ケーンがリーランドの劇評を仕上げるタイプライターの音響的なクロースアップにも触れておこう。この空間内の音の演出は、念入りに検討された響きのリアリズムによってさらに完全なものとされている。『ケーン』か『アンバーソン家』の任意のシーンが続く間、試しに目を閉じてみるとよい。そうすれば、応え合う声の色合いと、それぞれの音の個性に驚かされるだろう。音はスクリーン上ではふつう、台詞の支えとなるものや、映像を論理的に補完するものでしかないのだが、ここでは演出の構成要素となっているのだ。

のショットを経て、ケーンに押し破られる扉のショット、その瞬間、再びケーンに戻り、ベッドへと駆け寄っていく彼を背後からとらえ、そしておそらく最後に、スーザンの方に身をかがめたケーンのクローズアップが続く。

演出家が私たちの意識を向けさせようとする方向に沿ってアクションを分析する一連のショットで構成されるこのような古典的なシークェンスが、ここではたった一つのショットに行き着いているのがはっきりと見て取れる。ともかく、最終的には、奥行きの深い画面におけるウェルズのデクパージュは、ショットという観念が、シークェンス・ショット［plan-séquence＝ワンシーン・ワンショット］とも呼びうるデクパージュの単位のうちに消滅していく傾向を帯びている。▲逆説的なことに、カメラの不動性が、実際には非常に複雑な動きによって表されなければならないということもある――シーンそれ自体が動いている場合には。この機会を利用して、『アンバーソン家』の四輪馬車《カレーシュ》[18]で愛の台詞が交わされるときにウェルズが用いた例のトラヴェリングを分析してみよう。ジョージとルーシーは始めから終わりまで同じフレーム内に保たれるのだから、そのトラヴェリングは、反転して、固定ショットに帰着するのである。あとは、あのスクリーンプロセスの「眉をひそめさせる」不在を正当化しなければならない。まず、スクリーンプロセスは、いかに気づかれないほどのものであっても、建造された舞台背景と同じ現実感をもたらさないように思う。つや消しのスクリーンへの投影がざらついているからというよりは、（スタジオにいる）俳優と（野外で撮られた）舞台背景に当てられる照明の印象がどうしても異なってしまうためだ。そのようなわけで、すぐれた演出家であっても、スクリーンプロセスを使った「挿入場面《インサート》」によって、小舟での愛のシーンという定番をすっかり台無しにしてしまうのだ。これはルノワールなら犯さなかったような過ちである。彼ならばきっと、「「挿入場面」によってなされる」台詞の主たるやり取りをなくしてしまう方を好んだだろう。しかし、この点にこそ、非常にとらえがたい手の込んだやり方があるということを認め——もっともそのようなやり方は、私たちには、舞台背景のリアリズムが本質的な役割を演じている作品においてきわめて重要であると思えるのだが——、さらに仔細に眺めてみよう。ジョージとルーシーが台詞をやり取りするあいだ、私たちは街路の向こう側に、邸宅や商店や工場といった、当時の街の中心部《ミッドタウン》に典型的にみられる舞台背景が次々と現れるのを目にする。もちろん私たちはそこに弛緩した注意を向けるにすぎないとはいえ、撮られた映像が鮮明なので、その存在を見過ごすことはできない。その間、会話は進行し、劇的な大詰め（ルーシーの誇り高さとジョージの思い上がりのせいで、この和解の試みが失敗する）に近づいていく。そのことは、カメラが少し後ろに下がって中心人物たちを私たちから遠ざけることで感知されるのだが、その時……、同時に、私たちがその構成要素が相次いで登場するのを見てきた街路の全体が姿を見せるのだ。このような発見は、動機を欠くものであるどころか、舞台背景にいわば加算を行い、その総括をもたらす――ちょうどジョージが馬に鞭を入れてギャロップで走らせることで、失敗に終わった愛の会話を意義深い仕方で締めくくるのと同じように。スクリーンプロセスでは（少なくともこれほど自然には）なしえなかったであろうこの最後のわずかなパンは、安定感を持ってシークェンスを閉じることを可能にしている。しかし、街路の舞台背景を建造したことには、より有無を言わせぬさらなる理由がある（そもそも、この舞台背景はこの作品の他の瞬間にも用いられている）。つまり、この四輪馬車でのトラヴェリングは、ルーシーが戻ってきた後に交わされるもう一つの愛の会話（ルーシーが終いにはドラッグストアで失神してしまう会話）

に伴うトラヴェリングと対になっているのだ。その際、中心人物たちは歩いているのだが、二人は同じように街路を、ただし反対側の歩道の上を通り抜ける。舞台背景が間近にあり、同一ショット内で［ルーシーが］ドラッグストアに入るので、[19]今回はスクリーンプロセスを使ったら甚だしく目立ってしまうだろう。だが、ウェルズは手の込んだことをした。散歩のあいだ、四輪馬車のシーンで私たちがすでに目にした舞台背景がガラスに映り込んでいるのである。こうして、カメラが一挙に――つまり、俳優たちと同時に――見渡すことのできない街路は、ある現実性、存在感を獲得する。それによって、彼らの演技は、窮屈な舞台背景で展開された場合と同じくらい緊密に、街路に結びつけられるのである。

要するに、人々が無分別にも、むなしい力業だと思わせたがっていることの奥底には、物語のリアリズムを深めるという、スタイルへの強靭な意志があるのだ。とはいえ、この［リアリズムという］曖昧な語句に関して、さらに理解が一致するようにしてみよう。

すでに検討したように、古典的なデクパージュは、根本的には「ショットの転換」（その基本的な形式が「ショット／切り返しショット」である）と、奥行きの深い画面の不在に基づいている（前者は部分的には後者が原因で生じている）。先ほど示そうとしたとおり、私たちの通常の知覚体験は、こうした取り決めを観客にとっていわば感じ取れないものにする。だが、そこに心理学的法則の必然的な帰結——ましてや、唯一可能な帰結——を見て取るのは誤りだろう。心理学的法則は、古典的デクパージュが確立され、一般化するのに十分な土台をもたらしているにすぎない。古典的デクパージュを正当なものとする真の根拠は、心理学的な次元ではなく、美学的な次元にある。つまり、その根拠は、古典的デクパージュによって観客と表象されるアクションの間にどのような関係を打ち立てたいと暗に望んでいたのかに由来する。映画の映像に先天的にリアリズムが備わっていると見せかけて、私たちは実は、ある抽象化のシステム全体をひそかに通用させていたのだ。諸々の出来事をアクションの自然な解剖学的構造のようなものに従って切り分けているだけのようにみえて、実際には、現実をアクションの「意味」に全面的に従属させ、知らず知らずのうちに現実を一連の抽象的な「記号」に変化させていたのである。その場合、ドアノブのクロースアップはもはや、琺瑯引きにひびが入り、くすんだ銅製の、触ったときの冷たさを想像してしまうようなドアノブではなく、

「彼は不安を覚えながら、扉の掛け金が回るかどうか自問した」という文章に相当するものになる。私はそのような暗黙の取り決めが美学的に正当化されないとは言わないが、次の二つの事柄については断言する。すなわち、そのような取り決めは、（一）出来事との関連において観客にいかなる自由も残さず、（二）これこれの瞬間におけるこれこれの現実が、ある所与の出来事との関連においてひとつの意味だけを持つことを暗に想定しているのだ。

実生活で何らかのアクションに関わっているとき、私の注意力は、みずからの投企《プロジェ》に導かれて、同様にある種の潜在的なデクパージュを行う。それによって、対象《オブジェ》は確かに、私にとってそれが持つ面のうちのいくつかを失ってしまい、記号ないし道具となる。とはいえ、アクションはつねになされる最中にあり、対象はいつでも自由に、私をその物体《オブジェ》としての現実性に立ち戻らせ（たとえば、ガラス製であれば、手に怪我を負わせるというように）、まさにそのことによって、予定されていたアクションに変更を加えることができる。私自身も、いかなる瞬間にも、そのアクションをもう望まなくなってもいいし、あるいは道具箱のようには見えなくなった現実それ自体によって、アクションから気をそらされることがあってもいいのである。

ところが、古典的なデクパージュは、私たち自身と対象の間に相互的に存在するこの種の自由をすっかり取り除いてしまう。それは自由なデクパージュに代わって、アクションとの関連におけるショットの論理が私たちの自由を完全に麻痺させるような、強制されたデクパージュをもたらすのだ。私たちの自由は、それがもはや行使されえなくなる以上、もはや感じ取ることができなくなる。

『ケーン』と『アンバーソン家』における奥行きの深い画面の組織的な使用は、もしウェルズがそこから古典的なデクパージュの改良しか引き出していなければ、なるほど月並みな面白味を持つ程度だろうが、ウェルズはそうではない別の使い方をしているのだ。奥行きのある画面は、観客にみずから注意を向ける自由を行使することを強い、同時に、現実の曖昧さを感じ取らせる。『アンバーソン家』の台所で展開されるようなシーンは、終いにはほとんど耐えがたいものになる。▼このシークェンス（単一の不動のショット〔訳註13を参照〕）の間中、沸き立ってくるのが感じられながらも、いつどこで生じるのか正確には分からないアクションのなす迷宮において、カメラは私たちを助けにやって来て道案内をすることを執拗に拒んでいるようだ。私たちがジョージを見ている瞬間に、ファニーがちょうど何か示唆的な表情の動きをしないとも限らない。それに、シーン全体にわたって、極端なまでにアクションとは無関係でありながら、途方もなく存在感のある物体（ケーキ、食料、台所用品、コーヒーポットなど）が私たちの注意を引くのだが、カメラの動きがその存在感を和らげるのに応じることはいっさいない。同様に、『アンバーソン家』の最初に出てくる舞踏会の見事なシークェンス（おまけに、そのデクパージュは『ゲームの規則』の追跡のシークェンスのそれに非常に近しい）でも、全体を通じていくつもの興味の中心が絶えずスクリーンという額縁を横切るので、私たちは直前のものを残念ながら放棄しつつ、興味を向ける中心を次から次へと移していくことを余儀なくされるのである。▲

　奥行きの深い画面は、こうしたアクションの美学に先立つ技法面での条件だったということが、いまやよく見て取れる。奥行きの深い画面だけが、このように有効な仕方で、現実を私たちの精神に重くのしかからせることができたのだ。『市民ケーン』の劇的なデクパージュは、この技法面でのデクパージュによって仕上げられなければならなかった。ちょうど調査員たちがケーンの人生の意味を見出すには至らないのと同じように、観客自身もまた、デクパージュによってパズルに向き合わされるべきなのだ。チキンを切り分けるようにアクションをばらばらにしてしまう分析的な演出の代わりに、ウェルズのデクパージュは、意味がおそらくいっぱい詰まった出来事をとらえるのだが、その意味がそれ自体として完全に引き出され、それが隣り合った現実との間に取り持つ自然な関係が都合よく取り除かれてしまうというようなことはないのである。

一見するとそう思えるかもしれないこととは逆に、深さを利用した「デクパージュ」には、分析的なデクパージュよりも多くの意味が詰まっている。深さを利用したデクパージュも、分析的なデクパージュに劣らず抽象的ではあるが、それが物語に組み入れるさらなる抽象性は、まさしくリアリズムが増大した分に由来している。そのリアリズムとは、物体や舞台背景にその本来の存在の密度、重みのある存在感を復元するような、いわば存在論的なリアリズム、俳優と舞台背景、前景と後景を分け隔てることを拒む劇的なリアリズム、観客を知覚の真の条件——知覚は決して完全に先験的《ア・プリオリ》に決められることはない——の中に置き直すような心理的なリアリズムである。*

＊……このあまりにも短い分析は、いくつかの効果には言及していないのだが、それについて少なくとも触れておく必要がある。▼カメラが現実の塊として把捉する「シークェンス・ショット」でもって事を進めていくこうした「リアリズム的」な演出とは逆に、ウェルズはしばしば、抽象的な、隠喩的ないし象徴的モンタージュを使って、長い期間にわたる筋立て《アクション》を要約する（ケーンと最初の妻との関係の進展や、スーザンの歌手としてのキャリア）。だが、非常に古くからあり、サイレント映画が濫用したこの手法は、ここではまさしく、出来事がことごとく尊重されるような極端なリアリズムで撮られたシーンとの対照によって、新しい意味を見出している。ショットの転換がもたらす抽象化作用のうちに具体的な出来事が半ば溶け込んでしまう折衷的なデクパージュの代わりに、ここには本質的に異なる二つの物語の様態がある。それがとてもよく分かるのは、一連のオーヴァーラップが三年間にわたるスーザンの苦しみを要約し、ランプが消え落ちるところで終わりになるすぐ後で、スクリーンが私たちをスーザンの服毒のドラマの中に荒々しく投げ入れるときである。ジャン＝ポール・サルトルは『レクラン・フランセ』誌の記事で、いみじくも、ここでは英語の反復形に相当するものが問題になっているのだと指摘した［本書一一〇頁］。「彼は三年間にわたって、スーザンがアメリカのあらゆる舞台で歌うことを強要した。彼女の不安はしだいに高まっていき、毎回の公演は彼女にとって苦痛だった。ある日、彼女はもう持ちこたえられなくなった……」。そして、スーザンの服毒に至るわけだ！▲

おそらく、あらゆる偉大な映画作品は、その作者の道徳的なものの見方《ヴィジョン》や精神的な傾向を、多かれ少なかれはっきりと反映している。サルトルは、フォークナーとドス・パソスに関して、小説の技法はことごとく必然的にひとつの形而上学を参照していると書いた。[20] もし形而上学があったとしても、旧来のデクパージュはその表現に貢献することができなかった。フォードやキャプラの世界は、彼らの脚本やテーマ、追求される劇的効果、シーンの選択によって定義されうるのであり、形而上学はデクパージュそれ自体の中にはない。オーソン・ウェルズにあっては、逆に、奥行きの深い画面とともになされるデクパージュは、脚本の意味を構成するような技法となる。この技法は、別の仕方による演出というにとどまらず、物語《イストワール》の性質そのものを問い直しているのだ。この技法とともに、映画は演劇からもう少し遠ざかり、見世物《スペクタクル》よりも物語《レシ》となる。

実際、小説の場合と同じように、ここでは単に台詞や、明快な描写や、登場人物たちの行動だけでなく、言語に刻みつけられたスタイルこそが意味を作り出しているのだ。

オーソン・ウェルズのシークェンス・ショットは、映画の最初期からメリエスやゼッカやフィヤードが実践していた「固定ショットへの回帰」や、映画に撮られた演劇

〔théâtre filmé〕の何か得体の知れない再発見であるどころか*——観客が無頓着であることにつけ込んで、依然としてそのように主張した者もいたが——、映画言語の進化の決定

*……ウェルズのこれこれのショットをムヴィオラ〔編集用映写装置〕で分析することができない限り、諸々の物体のレイアウトや、俳優たちが影や光の領域に出入りすることで作られる潜在的なデクパージュや、遠近法がもたらす効果などが、観客に古典的なデクパージュと同じ知的な参照点を提供しているということも示せないだろうが、そのデクパージュは映像の統一性のうちに潜伏した状態にとどまっている。他方、カメラの不動性とショットの不動性を取り違えることを許してしまうのは、ごく初歩的な見解である。固定したフレームとの関連で動きを作り出すことの方が、つねにはるかに有効である。工夫が凝らされた「画面への登場」は、込み入ったトラヴェリングよりもずっと激しい動きの印象を引き起こすのだ。ウェルズの固定ショットはシーンの劇的スペクトルの移動によって内的に加工されているし、フレームの不動性はアクションの実際の、あるいは潜在的な可動性を引き立たせる。先に検討した四輪馬車のトラヴェリングの場合、カメラが移動している間は、ショットは——実際には——固定されたままである。逆に、私たちはギャロップで出発する馬車に突如、急き立てられるのだが、その馬車は、カメラが停止したときに、荒々しく画面から出て行くのである。

的な一段階である。映画言語は、サイレントの「モンタージュ」とトーキーの「デクパージュ」を経て、実際、固定ショットを再び見出しつつあるのだが、それはデクパージュが獲得したもののすべてをシークェンス・ショットのリアリズムのうちに組み込むような弁証法的な進歩によってのことなのだ。もちろん、ウェルズだけがこの進化の推進者というわけではなく、ワイラーの作品もまたそれを示している。こうした進化の偉大なる預言者はもしかしたらエリッヒ・フォン・シュトロハイムであるかもしれない。また、ルノワールは、［一九三九年の『ゲームの規則』まで］フランスで映画製作を行っていた時はずっと、同じ方向性で仕事をし続けていた。とはいえ、ウェルズはそこに、映画的伝統という建造物を否が応でも揺るがすことになる、強力で独創的な貢献をもたらしたのである。一九三八年から一九四三年か四四年まで足踏みをした後、アメリカの映画製作が――確かに数としてはあまりに少ないとはいえ、議論の余地のないほどに――、一九三六年から一九三八年にかけての古典的な完璧さにごくわずかしか負っていないような、独創的な映画作品をまた提供し始めたとしたら、それは偶然ではない。ワイラーが進化を遂げていくことのうちに、そしてビリー・ワイルダー、ドミトリク、プレストン・スタージェス、オットー・プレミンジャー（『堕ちた天使』の彼であって、『永遠のアンバー』の彼ではない）のような人々が擡頭してきたことのうちに、『市民ケーン』の影響、あるいは少なくともその天才的なまでの一撃を見分けることは考えられなくはないのである。

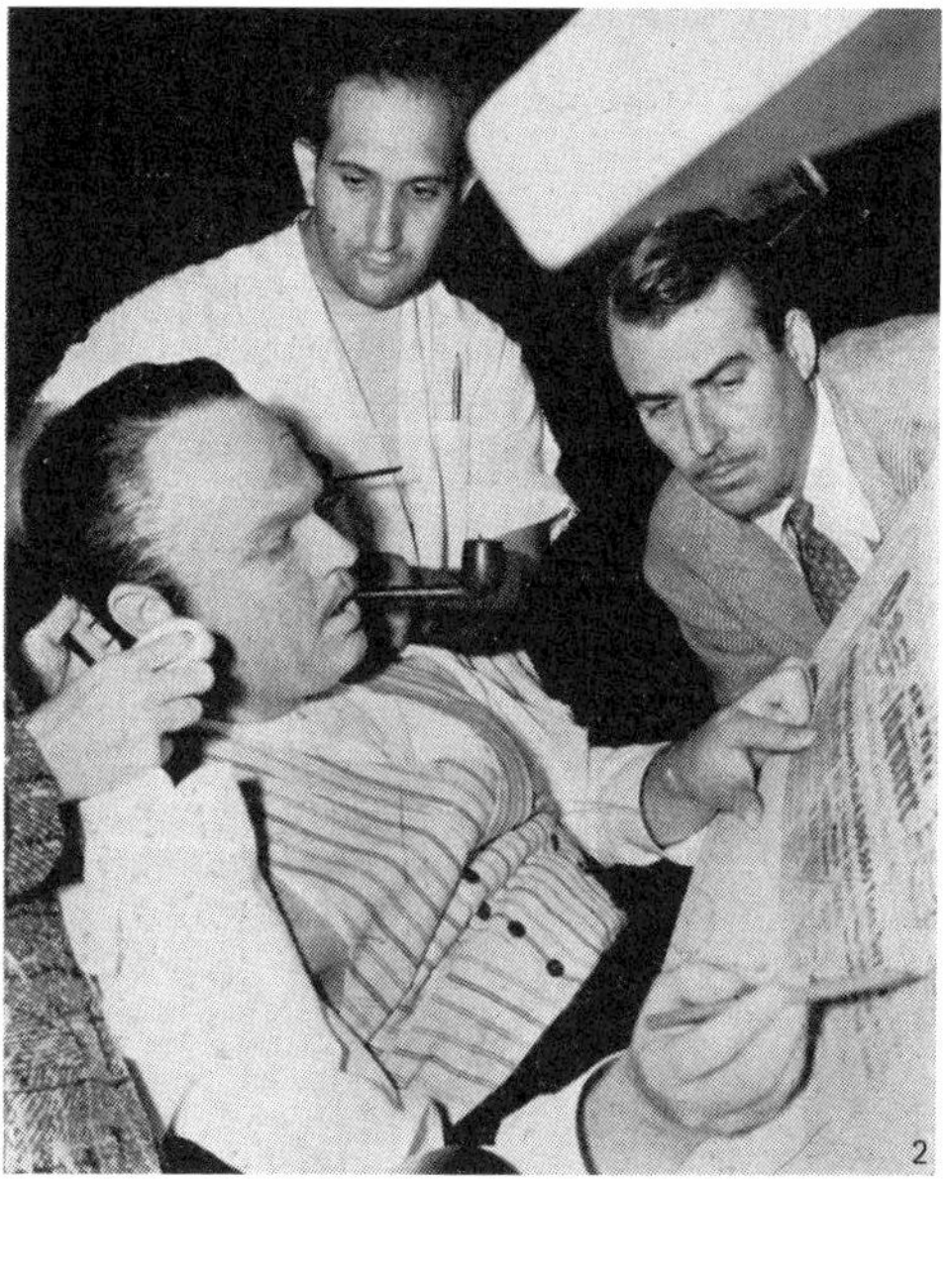

1……広告と演劇の世界に見合ったサイズの「市民ケーン」のイメージ。だが、このプロパガンダの巨大さそのものに、皮肉が込められていないわけではない。

2……スタジオで、メーキャップ係とヘアスタイリストの手に挟まれて、オーソン・ウェルズはアレクサンダー・ケーン「チャールズ・フォスター・ケーンの誤記と思われる」の新聞の校正刷りに手を入れる。

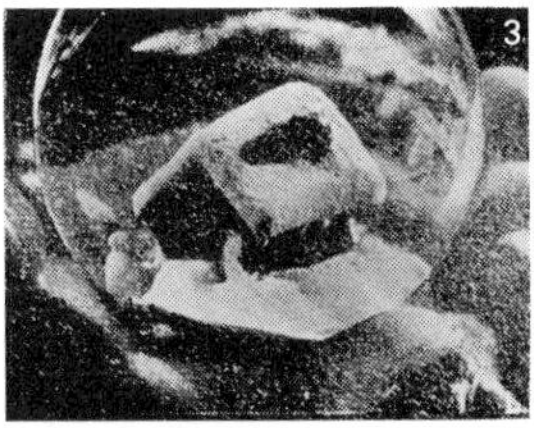

3……幼年期のなかの人生、死にゆく老人の手のなかの幼年期。思い出と死の雪がケーンの意識を満たす。

4……『市民ケーン』では、舞台背景は登場人物と切り離せない。この画像にみられる表現主義はやや安易だが、それでも確かな効果を発揮している。

5……奥行きの深い画面が作り出す劇的な緊張がケーンの不意の闖入によって破られるこのシーンでは、固定ショットのリアリズムが……

6……スーザンの苦悩をいくつかの映像のうちに要約する慣習的なオーヴァーラップと対比させられている。

7……最終的な喧嘩別れが間近に迫ったケーンとスーザンの対立。スタジオで撮られたこの写真では天井があまり見えないが、スクリーンではるかに鮮明に見える。

8……奥行きの深い画面の効力によって、登場人物たちが舞台背景に嵌め込まれている。『偉大なるアンバーソン家の人々』。

9……演出がどのようなものであっても、俳優としてのオーソン・ウェルズの存在には桁外れの強烈さがある。『ジェーン・エア』［ロバート・スティーヴンソン監督、一九四三年］。

10……『恐怖への旅』のような映画には、パロディ的な皮肉も欠けてはいない。トルコ人の刑事に扮するオーソン・ウェルズは、どうしたらペルシャ人になれるのか尋ねているかのようだ。

11……脚本が彼の個性と通じ合っていないと、苦心の役柄もオーソン・ウェルズにあまり成功をもたらさない。『離愁』［アーヴィング・ピチェル監督、一九四六年］。

12……上海から来た女がオーソン・ウェルズの腕の中から姿を現す……。が、舵を取っているのは彼女だ。

13……オーソン・ウェルズが生み出した最良のもののひとつ。『上海から来た女』のリタ［・ヘイワース］。

14……タクシー運転手に扮するオーソン・ウェルズ。『上海から来た女』。

17

15

16

18

19

15……役者……。脚本ぬきで。『狐の王子』「ヘンリー・キング監督、一九四九年」。
16……私たちはウェルズの映画の平凡なパロディのような『ストレンジャー』をあまり好まない。

17……善と悪の諸力に取り憑かれた野蛮な王。『マクベス』。

18……天と地がまだ分け隔てられていない世界。『マクベス』。

19……『マクベス』のオーソン・ウェルズ。舞台背景と衣裳はほとんど演劇で使ったものそのままだ。

20……ヴェネツィアのミラコリ広場。『オセロ』の一シーンの準備を見守っているオーソン・ウェルズ。(撮影：アンドレ・バザン)

以上のわずかなページは、その主題を汲み尽くしているとは言えまいが、ある人たちによれば見かけ倒しや［過去の作品の］無意識的な借用《レミニサンス》しかないところに天才の痕跡を見つけ出そうとする、熱烈な先入観に吹き込まれたものとして読者には映っただろうか。ここで扱ったウェルズの映画作品群は、私たちの甘い判断によって、かのスペインの旅籠[21]のようなもの――批評家がそこに自分の食べ物を持って行くような――になってしまっているだろうか。その判断は善意のある観客に委ねたいが、私たちにしてみれば、それどころか、ウェルズの作品を改めて見るたびに、例外的なまでの多様性と独創性を備えたひとつの才能に対する確信がより強固なものになるのである。ただ彼の挑発的で若々しい性格、彼の示す無邪気な自信の表れだけが、慎み深さと謙遜を纏っていなければ天才とは認めたくない人々を憤慨させ、分かりきったことを否定するに至るまで、彼らの目を眩ませることができたのだ。

　最初の作品群に含まれているすべての約束をウェルズが守らなかったとしても、それらだけでも彼が栄誉を受けるには十分だろう。チャーリー・チャップリンのように、映画製作において三十年以上も自分の地位を保ち続ける例はまたとないにしても、シュトロハイムやガンスやエイゼンシュテインやルノワールが、第七芸術を愛するあらゆる人々からの評価に値し、映画史に所属するためには、何本かの映画作品だけで十分だった。というのも、映画は、あたかも他の諸芸術に対する四千年の遅れを数十年間で取り戻さなければならないかのように、急激に発展しているからだ。文学の進化は世紀の単位で、あるいは少なくとも世代の単位で数えられ、人間の生涯という尺度に合っている。映画の進化は、モードのテンポとほとんど同じくらい急速な現代技術のテンポでなされる。だからこそ、仰々しい新しさや宣伝の成功のうちにあってさえ、重要なものを見分けることができなければならない。私たちはいったい何人の監督について、映画に対する私たちのものの見方《ヴィジョン》を変えたと言いうるだろうか。ウェルズは否が応でも、〈神殿〉の円柱を揺るがすことになるであろう。一九四一年から一九四六年にかけての歳月には、すでに彼のしるしが刻み込まれている。『市民ケーン』から『上海から来た女』までの歳月だ。そこでは彼の入念な措置を通じて、登場人物、物語、演出といったすべての事柄が再検討されることになるだろう。最も伝統的な古典主義は、彼の後ではもはや同じ意味を持つことさえできない。私たちは今日、そのような古典主義を、まさにその否定によって豊かになったものの見方《ヴィジョン》を通じて評価するからだ。ウェルズ作品がもたらす教訓を放棄することも、否認することも、さらには反論することすら可能である。だが、それを黙殺することはもはや許されない。

訳註

（1）「大学でなされるような註釈」とは、おそらく、ウェルズが一九三四年にロジャー・ヒルとともにトッド・プレスから出版し、のちに『万人のシェイクスピア』（*Everybody's Shakespeare*）として纏められた『十二夜』、『ヴェニスの商人』、『ジュリアス・シーザー』の上演の手引きを指すと思われる。「『農事年鑑』のための料理のレシピ」という部分に関しては、いくつかの情報が錯綜している。まず、ウェルズは一九四五年一月二二日から、『ニューヨーク・ポスト』紙のコラムニストとして「オーソン・ウェルズ年鑑」と題されたコーナーを担当し、同時期のインタヴューではこの仕事にすべての時間を費やし、ハリウッドとは年一回俳優として出演する以外には関わらないとさえ宣言している。コラムの内容は政治的な事柄から、占星術や料理のヒントにまでおよぶ雑多なもので、その中には『農事年鑑』からの抜粋も含まれていたという（Chuck Berg and Tom Erskine, *The Encyclopedia of Orson Welles*, Facts On File, Inc., 2003の記述に基づく）。

（2）このような反応の代表的な例としては、本書に訳出したサドゥールの記事を参照のこと。

（3）「地獄の機械」（la machine infernale）という表現は、オイディプス神話に基づくコクトーの戯曲（一九三四年初演）を踏まえていると思われるが、文字通りには、爆薬や兵器を組み合わせた仕掛け爆弾を意味する。

（4）『上海から来た女』は実際にはコロムビア作品である。

（5）夢のシークェンスをダリが手がけたヒッチコックの『白い恐怖』（一九四六）を筆頭に、一九四〇年代のハリウッドでは精神分析的なモチーフを扱った映画が多く作られた。

（6）『市民ケーン』の予告篇の末尾でウェルズが語る言葉。最後の文は実際には、「誰が彼のことを話しているのかによって違うのです」。
（7）　ウェルズは、バザンによるインタヴューでこう語っている。「『上海から来た女』では、自分で選んだわけでもない馬鹿げた推理もののストーリーで何とかしなければならなかった。それでも、この型にはまった冒険を、腐敗し、頽廃した社会の諷刺に変容させることで、興味深い映画を作り出したと思っている。ストーリーに関して言えば、（……）その終わり方がいまだによく分かっていないんだ」（*Le Parisien libéré*, nº 1234, 2 septembre 1948, p. 1–2）。
（8）　この映画を締めくくるマイケル・オハラのモノローグは、以下の通り。「だが、無罪というのは大層な言葉だ。愚かと言った方がぴったりくる。人はみな誰かに騙される。面倒に巻き込まれずにいるには、年を取るしかない。これからはそれに専念することになるだろう。きっと長生きして、彼女のことなど忘れてしまうだろう。忘れようとしながら死んでいくことになるだろう」。
（9）　ベルギー出身のドミニコ会士フェリックス・モーリオン（一九〇四―八七）が率いる組織「プロ・デオ」は、ヨーロッパ各国からの対ナチス情報を収集する機関でもあった。彼は戦後イタリアでは、カトリック系のシネクラブであるシネフォーラムの設立に関わり、ロッセリーニの『神の道化師、フランチェスコ』（一九五〇）の脚本にも協力した。
（10）　ウェルズは、バザンがジャン＝シャルル・タケラと共同で実施したインタヴューでこう語っている。「自分が形式主義者であることは認めよう。だが、私にとって、技法が何よりも大事だということは決してない。私が興味を抱くのは、思想を表現することだけだ。形式主義は頽廃の徴候だ」（André Bazin et Jean-Charles Tacchella, « Les secrets d'Orson Welles », interview exclusive, *L'Ecran français*, 21 septembre 1948, p. 4）。

（11）『マタイによる福音書』七章三節、「何ゆえ兄弟の目にある塵を見て、おのが目にある梁木を認めぬか」（文語訳）を踏まえた表現。

（12）訳註10と同じウェルズへのインタヴュー記事に次のような箇所がある。「『市民ケーン』の撮影開始前に六ヶ月にわたって映画作品を上映してもらったという伝説を、彼［ウェルズ］は明確に否定した。「もちろん、いくつかの作品は見たが、それだけだ。実際、映画館にはあまり行ったことがないし、今もそうなんだ」。（……）ウェルズはさらに、ゲルマン的な影響、表現主義に向かう傾向もすべて否定する。「政治的な理由は別にして、私はゲルマンの芸術はつねに頽廃芸術――あるいは、劣等芸術――だと思う。（……）私の映画作品に多少のフリッツ・ラングを見出す者がいるとしたら、残念なことだ。それにラングの作品は『M』と『激怒』の二本しか見ていない」」。

（13）実際には、このシーンは四分半にわたって続き、最初と最後に二つの短いパンがある。

（14）実際には、本作品の撮影監督はスタンリー・コルテズ。訳者解説の註32（一八三頁）も参照。

（15）トーランド自身は一九四一年に発表された文章で、次のように説明している。「頭上からの照明が備えられたセットはひとつもなかった。とはいえ、時には天井の一画を持ち上げて、開口部を通じて照明を用いるというやり方で、必要なバックライトが配置されることはあった。（……）モスリンの天井の上にマイクを設置できたので、マイクは影を投げかけずに音を拾うことができた」（Gregg Toland, “How I Broke the Rules in *Citizen Kane*,” in Ronald Gottesman (ed.), *Perspectives on* Citizen Kane, G. K. Hall & Co., 1996, p. 571）。

（16）エリック・ロメール「映画――空間の芸術」、『美の味わい』所収、梅本洋一・武田潔訳、勁草書房、一九八八年、二五―三六頁。モーリス・シェレールはロメールの本名。

(17) 原文は「音響的に奥行きの深い画面にすぎない(qui n'est que la profondeur de champ sonore)」だが、文意が通らないため「奥行きの深い画面にほかならない(qui n'est autre que …)」と解する。

(18) バザンはここで、ジョージとルーシーが乗っている馬車を御者席付きの四輪馬車のカレーシュとしているが、画面上で確認する限り、彼らが乗っているのは御者席のない一頭立ての軽装二輪馬車(チルビュリーに近いもの)である。彼らのすぐ後ろに付けている、アンバーソン少佐たちが乗っている御者付きの二頭立て有蓋四輪馬車の方がカレーシュに近い。

(19) 実際には、ルーシーがジョージと別れドラッグストアに駆け込む間に、気落ちしたルーシーのクロースアップが入ることで、ショットが分割されている。

(20) サルトルによるフォークナーの『響きと怒り』論に出てくる言葉。「小説の技法はつねに小説家の形而上学を参照している。批評家の任務は、技法を評価する前に、この形而上学を抽出することである。ところでフォークナーの形而上学が時間の形而上学であることは一目瞭然だ」(「フォークナーにおける時間性」、渡辺明正訳、『サルトル全集11 シチュアシオンI』、人文書院、一九六五年、六一頁、訳文一部改変)。

(21) 「スペインの旅籠」(auberge espagnol)とは、サービスが悪いため、そこには自分で食べ物を持って行かなければならなかったという謂れから、譬喩的な意味で、自分の望むものしか見ない、という意味で使われる。

資料

ハリウッドが考えさせようとすると……――オーソン・ウェルズの映画『市民ケーン』

ジャン＝ポール・サルトル

『レクラン・フランセ』一九四五年八月一日

アメリカのジャーナリズムのファシスト的な大立者、G《マ》・H《マ》・ハーストに対する果敢な攻撃だが、従うべき手本ではない

フランスの映画界は、オーソン・ウェルズの映画『市民ケーン』の話で持ちきりだ。人々はこの映画を衝撃的な傑作として扱っている。すでに、プロデューサーたちは何かと気を揉み、観客はすっかり見る気満々になっている。だが、現実はそれほど食指の動くものではない。私はこの映画をニューヨークで見たのだが、なぜこのような早まった熱狂が引き起こされているのか分かるような気がする。『市民ケーン』がアメリカでは驚くべき、新しい映画なのは、それがアメリカの習わしに反しているからだ。そして、私たちのもとに到来しているのは、この映画のアメリカでの評判なのである。『市民ケーン』は、映画の英雄的な時代にこの種の作品を何度となく作ろうとしたフランス人たちを驚かせることはないだろう。要するに、『市民ケーン』は知的な作品、インテリの作品である。なるほど、興味深い作品であり、合衆国では類例のない作品だが、ヨーロッパに移し換えられても何の得にもならないだろう。

これは何よりもまず、一人の男が作った作品だ。オーソン・ウェルズはすべてをこなした。彼はこの映画の脚本家であり、監督であり、主演俳優である。しかもこの男は職業的な映画作家ではないのだ。私に言わせれば、彼はむしろ、きわめて才能のある何でも屋だ。オーソン・ウェルズは、戦前、シェイクスピアの『ジュリアス・シーザー』を演出したやり方によってすでに名を上げていた。彼は俳優たちを現代の衣裳で演じさせた。ジュリアス・シーザーは黒シャツを着てブーツを履いていた。つまり、彼はムッソリーニだったのだ。シェイクスピアが民主主義に対して冷ややかであることは知られているが、オーソン・ウェルズは、書かれたものを軽視するというアメリカ人によくみられる態度をとって、台詞のうちで邪魔に感じたものをすべて削除してしまい、結局、独裁の卑劣さを証しだてる「ジュリアス・シーザー」像を再構成したのである。次いで、彼は映画の方に向かい、一九四一年の『市民ケーン』の後、他に二本の作品を製作した。彼はちょうど映画をやめたところだ。昨日のパリのある新聞によれば、ハリウッドはもはや彼など必要としていないのだという。確かに、彼の映画は大当たりしたことがなく、とりわけ知識人のエリート層で玄人受けしたのだった。

だが、彼は熟慮の上で映画を去って、政治ジャーナリズムに向かったようだ。今日、彼はニューヨークの大新聞で論説を書いている。[1] かくして、『市民ケーン』は、いずれも反ファシズムという同じ意味、同じ目的を持つ一連の活動の一環となる。ウェルズは感嘆するほど才能に恵まれた男であり、彼の主たる関心は政治的なものだ。彼が企てることのすべてに共通する意味は、映画、演劇、ジャーナリズムという、自分が自由に使えるあらゆる手段に訴えて、アメリカの大衆を自由主義《リベラリズム》に引き入れたい、ということなのだ。

したがって、『市民ケーン』とは、何かを証明することを望む映画、いやそれどころか諷刺的な映画という、アメリカではかなり珍しい現象なのである。オーソン・ウェルズはこの映画で、新聞王のハースト、保守派でドイツ贔屓、孤立主義者で反ソヴィエト・反フランスのハーストを攻撃している。彼の映画は、『PM』紙の自由主義者たちや『新しい大衆』誌の共産主義者たちがハーストに対して日々投げかけている攻撃文書に似ている。(2) しかも、ハーストは痛いところを突かれたと感じて、自分の所有する新聞がオーソン・ウェルズの名前に言及することさえ禁じたのである。

ところで、周知のように、諷刺とは、単なる人生の移し換えではない。それは解釈し、説明し、戯画化し、ある特徴を誇張し、別の特徴をかすませ、偏りのある強烈な情景《タブロー》を提示する。要するに、それは知性によって再考され、再構成された人生なのだ。私たちは、何も証明することを望まず、写実的《リアリスト》な素朴さがその最大の美点であるようなアメリカの古典的映画から、かなり遠く離れている。だが、私たちはおまけに、映画一般からも遠ざかっているのではないか。

この映画はひとつの問題として構想されている。与件があり、陳述があり、いちばん最後の映像で解決が与えられることになる。こうした問いの提起というやり方は、フランス人を驚かせるものではない。ファゲ[3]はずっと前から、われらの演劇と小説は「問題提起的」なものだと言っている。探偵小説は私たちに捜査への嗜好をもたらしたが、『市民ケーン』は、まさにある捜査の過程を私たちに物語る。ハーストが死んで、彼の最後の言葉が「薔薇の蕾」だったと想像してみるとよい。大勢の記者たちが、その謎めいた文句の意味を探し求めることだろう。それが『市民ケーン』の主題である。「ハーストは死ぬときに何を言おうとしていたのか」。これは結局、「ハーストとは誰だったのか」と言うことと同じである。このように、ウェルズの映画は、観客に考えさせることを望んでいる。アメリカの政治の世界で最も有名な人物のひとりとは何者なのか、と観客が自問することを促しているのだ。ハーストとは誰なのか。彼の心理はどのようなものなのか。彼の性格をその来歴からどのように説明できるのか。そしてもちろん、映画全体には精神分析のかすかな香りがつけられている。

このように提起された問いは、独創的なデクパージュの様態をもたらすが、それは私たちにとって未知のものではない。ある記者による捜査が主題なので、ハーストと親しかったさまざまな人々をその記者が尋ねて回るのが示され、彼の訪問取材に応じて、私たちはハーストが、ある時は年老いた姿で、ある時は若々しいときに、つまり年代順ではなく、親交のあった人々の思い出の脈絡に沿って登場するのを目にする。そして、彼の人生は私たちの目の前で寄せ木細工《モザイク》のように再構成される。こうした時間的順序の転覆は、精神にぴりっとした刺戟をもたらす。それは私たちにとって未知のものではない。『力と栄光』と『マリー・マルティーヌ』を思い起こしてみるとよい[4]。だが、自問すべきは、それが映画の「精髄」に適合しているかどうか、ということだ（ある新語が言語の精髄に適合しているかどうか自問するように）。実際、それによって演出家は、自分の物語を過去において語るように導かれる（ハーストは映画の冒頭で死ぬのだが、私たちはまず彼の友人たちをいい年をした姿で知り、彼らはみな、自分が語る物語の結末を知っている）。これはしたがって、知的な再構築なのである。逆に、通常の映画作品の場合、私たちは現在に置かれており、観客は登場人物と同じ時間を過ごす。観客は登場人物と一緒に銃を撃つのだし、主人公が毒を盛られたグラスに近づいていくと観客が総立ちになって「飲むな！」と叫ぶのは、主人公がそれを飲んで死んでしまうのかどうかまだ知らないからだ。賽は投げられていない。『市民ケーン』では、賽は投げられている。私たちが相手にしているのは、小説［roman］ではなく、過去形で書かれた物語［récit］なのだ。(5)

なるほどその結果として、映像の連鎖はよりすばやいものになっている。日常生活で物語を語るときにそうであるように、省略や、唐突な飛躍がある。私たちがすばやく、巧まずに話をするときと同様、いろいろなテーマが回帰し、姿を現したかと思うと消えていく。そして、過去を振り返るこうした語りは、不意に中断される——語り手がそれ以上のことを知らないか、言いたがらないからである。さらにとりわけ、いくつかの映像に反復相の価値を与えるような奇妙な効果（だが、さほど新しくもない効果）がみられる。実際、物語のなかで、私たちはこう言っているのだ。「彼は妻がアメリカ中のあらゆる舞台で歌うことを強要したものだった」、と。これはたったひとつの文章の中に、その日その日に生きられた数多の出来事を凝縮している。これに相当するものは、『或る夜の出来事』や『駅馬車』といった、類まれでほんの束の間の冒険が一分ごとに生きられるような映画には見当たらないだろう。『市民ケーン』においては、ウェルズはこの種の一般化をほどこす省略法に秀でている。ハーストは強情を張って、調子外れにしか歌えない愛人を、あちこちの舞台に登場するように強いる。彼女は謙虚で、事態がよく見えているので、そのことに大いに苦しむ。彼女の人生のこの時期は、悲しげな目つきをして口を大きく開けた、痛ましげでありながら滑稽な彼女の顔を十度ほど提示しつつ、「それとのオーヴァーラップによって」いつも新しい別の舞台とオーケストラ、そして回を追うごとに大きくなる活字で歌手の名前が掲げられる新聞とを垣間見せることによって要約されている。

　この手法はよく知られているが、これまでは筋立て《アクション》の余白で、政治的意見を示したり、ある行為が集団に対してどのような影響を及ぼすのかを見せるのに使われるか、あるいは単なる場面転換にすぎなかった。『市民ケーン』では、それは筋立ての一部をなし、筋立てそのものであり、物語の緯糸を形作っているのであって、逆に、日付の特定されたシーンの方が例外なのだ。語り手はあたかもこう語っているかのようだ。「彼は彼女が至るところで歌うことを強要したものだった［obligeait］。彼女はそのことに疲れ切っていた［était］。一度［une fois］、彼女はそのことを彼に言おうとした、云々……」、と。[6] 結果として、私たちはケーン（映画の中でハーストに与えられている名前）の性格と情熱と人生を非常によく理解する。理解はするけれども、それらを信じることはない。

すべては分析され、解剖され、頭で作られた順序に沿って提示されるのだが、その偽りの無秩序は、出来事の順序をその原因の順序に従属させただけだ。すべては死んでしまっている。

この映画で凝らされている技法上の創意工夫は、映画に生命を与えるためになされているのではない。感嘆すべき映像の数々があり、周知のように、ウェルズはスタジオに天井を再導入した。その結果、つねに押しつぶされているような印象が生じ、そのことが、完全な成功でもあり見事な失敗でもあるこの人生の薄汚くて息詰まるような雰囲気を作り出すのに少なからず貢献している。[7] しばしば、映像の構図を見ていて、私はティントレットの絵《タブロー》を思い起こした。この画家は、さらなる注意を引きつけるために、前景に重要でない人物たちを配し、画面の一番奥、非常に大柄な二人の傭兵の間、子供の腕の下に、キリストや聖人のほとんど精彩に乏しいシルエットを垣間見せ、その人生をたどるのだ。[8] ただし、私たちはよく、映像が「それ自身に愛を向けている」という印象を受ける。あまりに手を加えられた挙げ句、皺が寄りすぎてしかめ面になっているような映像群に、私たちは絶えず圧倒されてしまう。ちょうど、文体がつねに前面に出てきて、何かにつけて私たちが登場人物たちを忘れてしまう小説のように。要するに、私が立ち会ったのは、性格の説明と技法の実演だったのである。どちらとも、時にはまばゆいばかりにすばらしいのだが、一本の映画を作るにはそれだけでは不十分なのだ。

私の考えでは、オーソン・ウェルズの作品は、根なし草で大衆から完全に切り離されているアメリカのインテリゲンチアの悲劇《ドラマ》のよい実例である。大衆の映画、テキサスやニューメキシコの流行を追う娘《ボビーソクサー》たちを熱狂させる映画は、芸術の繊細さなどまるで無視している。そのような映画は、不幸なことに、社会的・文化的な意図を持ち合わせておらず、「民衆の阿片」たらんとしている。だが、それが大衆の喉もとを押さえているのだ。

アメリカの「エリート」たちは、予想されるように、そうした状態に嫌気がさしている。だから、そのエリートの一員が映画を撮るとき、彼はアメリカの月並みなやり方とは正反対のことをするのである。彼はストーリーを意に介さず、ハリウッドが巧みに喚起しうるような激しい感情の動きを受け入れず、ヨーロッパから持ち込まれた心理描写や語りの諸手法を映画内に導入しようとする。しかし、彼は大衆に根づいておらず、大衆の気苦労を共有していないので、抽象的で、知的で、宙に浮いた映画を作ってしまう。オーソン・ウェルズの文体《スタイル》は、ニューヨークの「エリート」が書いたいくつかの詩や小説を思い起こさせる。ウェルズは、ゴンクール兄弟が言うであろうところの「芸術的文体」[écriture artiste]を持っているのである。おそらく合衆国では、芸術的文体を持つことは稀にみる美点なのだろう。だが私たちは、あまりにも芸術家でありすぎることに飽き飽きしているのだ。私たちにはレルビエが、エプスティンが、ガンスが、デュラックが、デリュックがいた。芸術的文体は、今日でもなお、カルネに、またドラノワにさえみられるある種の緩慢さに対して責任がある。『市民ケーン』は私たちにとって従うべき手本ではない。

訳註

(1) バザン「オーソン・ウェルズ」の訳註1(九九頁)を参照。

(2)『PM』はニューヨークで一九四〇年から一九四八年まで発行されていたリベラル寄りの日刊紙。『新しい大衆』(*The New Masses*)は一九二六年から一九四八年まで発行されていた共産党系の雑誌。

(3) エミール・ファゲ(一八四七—一九一六)は、フランスのモラリスト的な作家・文芸批評家。

(4)『力と栄光』(*The Power and the Glory*)は、ウィリアム・K・ハワード監督、プレストン・スタージェス脚本、スペンサー・トレイシー主演による一九三三年の作品。『マリー・マルティーヌ』(*Marie Martine*)は、アルベール・ヴァランタン監督による一九四三年の作品。いずれもフラッシュバックでストーリーが展開されるが、とりわけ鉄道王トム・ガーナーの葬儀の時点から、彼の親友による年代順ではない回想でその生涯が語られる『力と栄光』は、確かに『市民ケーン』のプロトタイプと言いうる作品である。

(5) サルトルのジョン・ドス・パソス論(一九三八年)に以下のような箇所がある。「私たちは時のなかで生き、時のなかで数える。小説も、人生とおなじように、現在において展開する。(……)小説のなかでは賽は投げられていない。なぜなら小説のなかの人間は自由だからだ。物語は、これとは反対に、投げられる。私たちの焦慮や無知や期待は、そのまま主人公のそれである。賽は私たちの眼前で投(……)過去において行なわれる。だが、物語は結局説明であり、時間的秩序(……)が、因果律の秩序（……）を包み隠すまでには至らない。物語のなかの事件は私たちの心にふれない」（生田耕作訳、『サルトル全集11　シチュアシオンI』所収、人文書院、一九六五年、一四頁、訳文一部改変）。

（6）訳文では分かりにくいが、最初の二つの傍点部では、行為や状態の継続・反復を示す半過去の時制が用いられ、出来事の一回性を強調する最後の部分と対比させられている。

（7）原文は「（……）雰囲気を作り出すのに貢献していない（qui ne contribue pas à créer）」となっているが、この記事が初めて収録された二〇一二年の新版『シチュアシオン』第二巻も参考に、「（……）雰囲気を作り出すのに少なからず貢献している（qui ne contribue pas peu à créer）」と解する。

（8）《磔刑》（ヴェネツィア、スクオーラ・グランデ・ディ・サン・ロッコ、一五六五年）などを指していると思われる。なお、サルトルのティントレット論のひとつ「聖ゲオルギウスと龍」（一九六六年）に、次のような箇所がある。「ヤコポ［ティントレットの本名］は、まず第一に、あの戦士とけだものとを、後景の薄くらがりのなかに投げこんでしまう。この手法は、彼が大切にしているものであって、ふつう彼は、この手法を用いることによって、われわれを否応なく長いあいだ画面に引きつける。（……）キリストや聖母の場合ならば、その姿を、もっとも遠くはなれたところや、群衆のまっただなかに探し求めること以上に効果的なことはない」（粟津則雄訳、『サルトル全集37　シチュアシオンIX』所収、人文書院、一九七四年、一六二頁）。

Jean-Paul Sartre, « Quand Hollywood veut faire penser... : *Citizen Kane*, film d'Orson Welles », *L'Écran français*, 1er août 1945, p. 3, 4, et 15.

脳の肥大

ジョルジュ・サドゥール

『レ・レットル・フランセーズ』一一五号、一九四六年七月五日

ユビュ親父がエショデ通りに設置した〈脳みそを取り出す機械〉[1]がセーヌ河岸を去って太平洋の岸辺に向かったのは、かなり前のことだ。だが、ジャリはその機械をもう見分けられないだろう——それほどまでに、現代技術によって改良されてしまったのだ。これからは規格化することが肝心だ。脳みそは、洗浄、選別、すすぎ、平削り、調整、適合、保存、殺菌といった過程を経て、ロボットと化した人間たちの頭蓋骨の中に戻される。このようにして用意された脳みそは、塩漬けされた羊肉《コンマトン》の缶詰がニンニク風味の羊の腿肉に近いのと同じくらい、人間の脳みそに近いものである。

この殺戮の手順に従わない、あるいはそれに抵抗する十分な力を持っている人は、ごくわずかである。オーソン・ウェルズの幸運は、驚くべきものだった。いまだ世に知ら

れていなかったこの俳優は、二十四歳にして、ラジオドラマの演出家となり、地球への火星人襲来を語ってパニックを引き起こす。彼はマイクを離れて、ハリウッドに赴く。無際限の融資を受けて、自分が主役を演じ、脚本を書き、演出もする映画に対して、まったき自由が与えられる。彼は、W・R・ハースト――アメリカのジャーナリズムの独占者にして、合衆国における最も確かなファシズムの支援者――の生涯と情事を主題に選択する。

ハーストは、自分の新聞をけしかけるぞと脅す。ウェルズはそれに対して、『市民ケーン』、ハーストが上映禁止を望んだ映画」という広告キャンペーンで応じる。古狐は自分の負けを認める……。

映画は、ケーン／ハーストが忌まわしくも巨大な邸宅、ザナドゥで死ぬところから始まる。ニュース映画の局長が、記者たちを調査に向かわせる。彼らは「薔薇の蕾」という、億万長者の最後の言葉が何を意味するのかを見抜かなければならない。

このキーワードはとりわけ、十年前に『力と栄光』の脚本家「プレストン・スタージェス」が『千夜一夜物語』から再び取り上げた流儀に従って、物語を分解することになるはずだ。[2] 主人公の生涯は、年代順に並べるという配慮なしに、さまざまな観点から、さまざまな側面において登場する——騒々しい子供、野心あふれる相続人、情熱みなぎるジャーナリスト、横暴な愛人、落選する候補者、無愛想な夫、夢見がちな実業家として。触るものすべてを黄金に変える力によって殺されてしまう年老いたミダース、異様なほど肥大した蒐集家、うぬぼれの強い《エゴイスト》愛人、なりそこないのパトロン……。

ウェルズは自分が用いた手法を気にも留めず、「薔薇の蕾」の意味もあえてほとんど説明しようとしない（それはケーンの子供時代の橇の名前なのだが）。彼は言う。その生涯の説明がたった一語で済む人間などいない、「薔薇の蕾」は巨大なジグソーパズルの欠けたピースにすぎない、と。

ザナドゥの大聖堂のような大広間でスーザン・アレクサンダー・ケーンが飽かず組み立てていたものと同じくらい並外れたこのパズルには、他にも多くの断片が欠けている。このジグソーパズルの四分の一は話題にのぼっておらず、この映画はいわば、スペイン継承戦争やナントの勅令廃止がもっぱら、ルイ十四世のベッドでモンテスパンやラ・ヴァリエール侯爵夫人［いずれもルイ十四世の愛人］がどれほど影響力を持っていたかという観点から説明される歴史概論を思い起こさせる。

『市民ケーン』は表現主義の映画である。その美学は、刷新されているとはいえ、四半世紀前にさかのぼるものだ。「黒い様式」の専門家にして、ジョン・フォードの『果てなき航路』［一九四〇年］でも力量を示したグレッグ・トーランドによる巧みな逆光は、『カリガリ博士』［ローベルト・ヴィーネ監督、一九二〇年］で使われた書き割りや度を越したメーキャップ、ならびに初期フリッツ・ラングの仰々しさの巧みな繰り返しである。

この映画は古くからある技法の百科事典だ。私たちがそこに次から次へと見出すのは、ルイ・リュミエールの『列車の到着』を特徴づけていたような、前景と最も遠くにある背景が同時に鮮明であることや、画布やボール紙による想像上の舞台背景に対するメリエスのものでもあった好み、一九二〇年には最新流行だった「すばやいモンタージュ」とオーヴァーラップの混ぜ合わせ、一九三五年になされたようなトラヴェリングの曲芸、『グリード』［エリッヒ・フォン・シュトロハイム監督、一九二四年］の繰り返しである天井まで含む舞台背景、サイレントの末期に濫用されたいくつかの撮影アングルの大げさな強調、二十年以上前にジガ・ヴェルトフが発明したニュース映画のモンタージュであって、さらにこれらと同じくらい古典的な手法や効果が他にもたくさんあるのだ。これらの効果の使い方は確かに筋が通っているが、監督があまりに濫用しているのも明らかだ。ウェルズが自分の用いる手段と自分の技法の新しさに陶然としているのが感じられる。『市民ケーン』を適切に判断するためには、これが二十五歳の、これまで映画に手を付けたことのなかった青年の作品であることを忘れてはならない。思い上がりや、無秩序や、心許ないスタイルや、慎みや趣味の欠如や、凡庸な仕方で自分のものとされた無意識的な借用《レミニサンス》の濫用や、人間味のあるものの忘却や、過剰な形式的追求は、新人らしい欠点である。この映画はきっと、偉大な作品というよりは、非常に偉大なものになったかもしれない作品の下書きなのだろう。

『市民ケーン』は、新たな表現形態を探し求めることで、月並みな書法《エクリチュール》や提示の仕方を打破しようとする。同じ試みが、翌年、ヒッチコックの『疑惑の影』〔一九四三年〕でなされた。イギリス映画の古参兵による確固たる書法と比べると、無邪気で、血気盛んで、しかもぎこちない新人の、煮えたぎるような不完全さが目立ってしまう。

前衛的な映画作品は、往々にして非常に急速に「古びる」ものである。『市民ケーン』も、作られてから五年間しか経っていないのに、すでにかなり時代遅れだ。しかし、最も重大なのは、この映画は人の興味を惹いて止まないのだが、決して人を夢中にさせはしない、ということだ。なるほどウェルズは、彼とほとんど同姓のH・G・ウェルズ〔発音は同じだが、綴りがWellsと異なる〕から火星人を借用することから始めた。その火星人たちは、すべてが脳みそでできている。ハリウッドは、その初めての新鮮な脳みそとして、ほとんど身体がないと言ってもいいような頭脳しか見つけることができなかった。ともかく、むらのある奇妙なこの映画、草原に一夜にして生えた巨大で異様なホコリタケを思わせる映画に、私たちが腹の底まで感動させられることはいっさいない。その点で、登場人物はその作者に似通っている。ケーンは、ハーストであるのと同じくらい、ウェルズ自身であるのかもしれない。

この作品がおよそどうでもいい代物ではないのは、ほとんど疎ましいほどに際立った個性の跡をとどめているからだ。ごく平凡な箇所においてさえ――そのような箇所はあまりみられないのだが――、能力と才能の息吹がよぎっているのが感じられる。それに、いくつかの見事な部分は忘れがたく、名シーン集に入ることは請け合いだ。キューバでの戦争が告げられる踊り子たちの入場場面、ザナドゥの大広間で甲斐なく響き渡る音、スーザン・アレクサンダー・ケーンがデビューする大オペラ座の幕開け……。

ウェルズの第二作である『偉大なるアンバーソン家の人々』は、『市民ケーン』がアメリカ国外では一般大衆にまで到達しなかっただけに、よりいっそう重くのしかかる失敗だった。ウェルズが署名したその他の映画は、マイナーな作品にとどまっている。

この作家は自分が最初に得た幸運の重いつけを払っているのだろうか、彼は実のところ、あのすばらしいシュトロハイムが演出を望んだときにも、二十年来、スタジオに入れないようにしているブラックリストにいまや名前が載っているのだろうか、と危惧すべきではないのか。ウェルズは十年前から、ハリウッドを管理している黄金律の唯一の例外だった。だが、その黄金律はすでにこの厚かましい例外を押しつぶしたようだ。危惧しなければならないのは、その個性と才能については議論の余地がないこの三十一歳の男が、円熟した申し分のない作品を撮るために必要不可欠な諸手段を、もう二度と手中にできないのではないか、ということなのである。

訳註

（1）　アルフレッド・ジャリの戯曲『ユビュ王』（一八九六）を締めくくる「脳みそを取り出す歌」が参照されている。

（2）　サルトルの記事の訳註4（一一五頁）を参照。

Georges Sadoul, « Hypertrophie du cerveau », *Les Lettres françaises*, n° 115, 5 juillet 1946, p. 9.

オーソン・ウェルズの天才――かつてなく大胆不敵な社会的攻撃文書、『市民ケーン』

ロジェ・レーナルト

『レクラン・フランセ』一九四六年七月三日

フランスという多様性、節度、等々の国では、天才ほどうんざりさせるものはない（天才とは長い忍耐にほかならないと主張するほどに！）。アメリカという規格、大衆、等々の国は、天才が大好きである（天才とは、センセーショナルで、途方もなく、自然に出てきたかのようで、噴火のごとく迸り、つねに絶頂にある才能として理解されている）。

その意味では、オーソン・ウェルズが天才であることに疑いの余地はない。彼は十一歳にして、たった一人でヨーロッパじゅうを歩いて回り、二十歳で『マクベス』を黒人たちと演じてブロードウェイに革命を起こし、二十三歳で火星人襲来を告げるラジオの実況放送でアメリカ合衆国を大混乱に陥れる。そして、二十六歳のときに——彼はいま三十歳だ——、初めて作った映画『市民ケーン』でハリウッドを驚愕させる。彼はこの映画のプロデューサー、監督、脚本家であるとともに、主役として二十五歳から七十歳にまで至る難役を演じている。

ここには確かに、大西洋の向こう側では多くの熱狂を、そしてこちら側ではいくらかの先入観を引き起こすだけのものがある。一番いいのは、人を忘れて、作品を吟味することだ。

億万長者の大邸宅で、ある老人が「薔薇の蕾」という謎めいた言葉を発して息絶える。彼はジャーナリズムの大立者で、人気があると同時に嫌悪されている。というのも、アメリカの公的生活は、三十年来、この「市民ケーン」の波瀾万丈の生き方と結びついてきたからだ。ひとりの記者が、彼の最後の言葉の意味を探る。それはおそらく、この強烈で不可思議な個性の謎を解く手がかりを与えてくれるだろう。

彼の人生は徐々に、調査にあたった記者が集めた証言を通じて、断片的に私たちに明かされる。諸々の出来事と同時に、私たちは主人公の性格も少しずつ復元する。この類まれなる男は、みずからの職務と祖国を心から熱烈に愛しており、その活力と魅力が成功を呼び寄せ、勝ち取るのだが、他の人間からはいつも隔たっている——彼が他の人間を愛することができないからだ。彼が最後に、悲劇的なまでにむなしく贅をこらした宮殿に隠遁するのは、彼の深い孤独の象徴にすぎない。ケーンが愛するのは自分自身だけだ。彼はエゴイストなのだ……。薔薇の蕾とは、彼の唯一の幸福な思い出、莫大な相続財産のせいで、五歳にして他人から切り離された人間になってしまう前の、幼年期のある玩具に付けられた名前なのである。

この映画は明らかに、独創的でありたいと熱望している。感嘆すべきなのは、この映画が例外なくあらゆる面でそうありたいと熱望し、しかもそれを達成していることだ。

主題。ケーンとは、ハーストのことである（彼の新聞はオーソン・ウェルズの名前をブラックリストに入れた）。新聞のトラストを作り、最終的には銀行の支配下に置かれること、政治的に失敗すること、さらにはごく平凡な芸術家《アーティスト》に対するうぬぼれた愛（哀れなマリオン・デイヴィス［ハーストの愛人として知られる映画女優］に対してまったく情け容赦がない！）については、モデルに従っている。『市民ケーン』は、西洋の映画でかつてなく大胆不敵な社会的攻撃文書である。

脚本。間接的で、年代順ではない提示の仕方は、スクリーンでは新しいものではない。だが、過去へ戻ったり、省略したり、諸々の情報を突き合わせたりする際の名人芸は、苦心の跡がみえる『力と栄光』から、聡明なやり方をした『マリー・マルティーヌ』までのあらゆる前例を圧倒している。

写真術。ウェルズは、世界最高の撮影監督のひとりであるグレッグ・トーランドから、光の使い方について、表現力に富んだ方針を獲得した――それに対しては、パンクロフィルムは粗野に陥らずには適合しえなかったようだ。

舞台背景。登場人物たちの頭上には、初めて、途中まで作られたものではなく、正真正銘の天井が見て取れる……。

撮影。前景と後景に等しい鮮明さを与える特殊なレンズの数々を組織的に用いることで、演出が変化する。演技は「奥行き」においてなされ、トラヴェリングやモンタージュは不要なものとなる。たとえば、会話の全体が同一の固定したロングショットでたどられるので、カメラがテーブルのまわりを回ったり、対話者のそれぞれに順番に向けられたりする必要がないのである。

言うまでもなく、こうした方針はオーソン・ウェルズにあってはきわめて意識的なものであり、そのためこの映画ははっきりと知的な性格を備えている。J＝P・リルトルはまさに本誌で、軽蔑的な意味合いを込めて、『市民ケーン』は「性格の説明と技法の実演」であると言った〔本書一一三頁〕。その通りなのかもしれない。だが、それゆえ彼がこの映画による物語には現実とのつながりも、効率のよさという美点もいっさいないとするとき、彼についていくことはできない。活力にあふれ、驚異的なスピードをもったウェルズのスタイルには、「芸術的文体」の緩慢さや締まりのなさは皆無だ。そのスタイルは、専門家の目をみはらせ、だからといって一般の観客に不快感を与えることもない――私はそう思っている――、というのも、見かけとは違って、このスタイルは本質的には単純さの方向に向かっているからである。

登場人物たちの演技を追うためにカメラを動かすよりも、登場人物たちにカメラの前で演じさせる方が単純だし、結局のところより自然なのだ。この二十年間にわたって、被写界深度の浅いレンズばかりが用いられ、節度なく移動車が使われていたために、私たちはそのことを忘れていた。『市民ケーン』の静止したフレームの数々を前にして、私は『グリード』のいくつかのシーンで登場人物たちが「鮮明に」刻み込まれていたことを思い出した。私は逆説的なことに、技法の次元に身を置いている。だが、作品にみられるトーンという点でも、共鳴を指摘できるだろう。同種の暴力、同種の自己露出癖、ほとんど表現主義に陥りながらも現実を離れることがないような象徴に対する同種の嗜好。エリッヒ・フォン・シュトロハイムもまた、ハリウッドを征服したのち、ハリウッドと衝突した並外れた人物だった。

オーソン・ウェルズについて筆をとりながら、［ノエル・］カワードや［サシャ・］ギトリのような名声のある作家‐俳優‐演出家の名前よりも、むしろシュトロハイムの名前が思い浮かぶということが大いに物語っているのは、アメリカ式の広告が天才という言葉を使うとき、私は微笑まないように気を付けているということだ。『市民ケーン』は、人をまったく唖然とさせる映画である。はったりだ、と私に言ってくれる人もいた。映画館で私たちは、もっと頻繁にこのような仕方ではったりをかまされたかったものである。

Roger Leenhardt, « Le génie d'Orson Welles, dans un pamphlet social d'une audace inconnue : *Citizen Kane* », *L'Écran français*, 3 juillet 1946, p. 6–7.

『市民ケーン』の技法

アンドレ・バザン

『レ・タン・モデルヌ』一七号、一九四七年二月

さて、『市民ケーン』についてもう一度語ることにしよう。批評家たちの最後の反響が静まったかにみえる今日こそ、私たちは情勢を見定めることができる。何ひとつ理解しなかった者たちは放っておこう。また、技術者たち、つまり監督、撮影技師、舞台美術家たちの証言も退けよう——彼らは「『市民ケーン』という」このような挑発を前にして、ほとんど平静ではいられなかったからだ。残りの人々の判断は、次の二つの極限のあいだに広がっている。オーソン・ウェルズは映画を再発明した、『市民ケーン』は『グリード』と同じくらい重要で、オーソン・ウェルズは偉大な男だ、というもの。それに対して、彼がどれほど才能豊かであっても、この映画は知的なはったりにすぎない、というもの。ジョルジュ・サドゥールは、雨あられと降り注ぐドルのおかげで、ハリウッ

ドにおそらく一夜にして生えたさる巨大なホコリタケについて語っている。彼はそこに、スタイルに関して本当に新しいものを何ら見て取らず、逆に「凡庸な仕方で自分のものとされた無意識的な借用《レミニサンス》の濫用」を認める。「この映画は古くからある技法の百科事典だ。私たちがそこに次から次へと見出すのは、ルイ・リュミエールの『列車の到着』を特徴づけていたような、前景と最も遠くにある背景が同時に鮮明であることや、画布やボール紙による想像上の舞台背景に対するメリエスのものでもあった好み、一九二〇年には最新流行だったすばやいモンタージュとオーヴァーラップの混ぜ合わせ、一九三五年になされたようなトラヴェリングの曲芸、『グリード』の繰り返しである天井まで含む舞台背景（……）、ジガ・ヴェルトフが発明したニュース映画のモンタージュ（……）。ウェルズが自分の用いる手段と自分の技法の新しさに陶然としているのが感じられる」［本書一二〇―一二一頁］。

ジョルジュ・サドゥールが行っている比較は実際のところほとんどすべて正確だが、ひとつだけ例外があり、しかもその重要性はきわめて大きい。グレッグ・トーランドの特殊なレンズの数々を、ルイ・リュミエールの単一のレンズと比較するのは、私には言葉の誤用のように思われるのだ。列車の入場をとらえた奥行きの深い画面は、陽光がさんさんと降り注ぐ中でレンズを絞るだけで容易に得られたものだが、オーソン・ウェルズによる奥行きの深い画面の面白味は、〔広角レンズによる〕アングルの幅広さと奥行きの深い画面をスタジオで結合するという可能性に由来するのだから。とはいえ、私たちが『市民ケーン』のうちに、もはやひと揃いの巧みなやり口や受け狙いだけではなく、映画に備わるありとあらゆる可能性をまったく意識的に用いてあるひとつのスタイルを獲得しようとするさまを少しでも見て取るのであれば、サドゥールによる比較の正確さそれ自体が、『市民ケーン』にその全価値を付与しているのだ。こうした視点からすれば、剽窃なのではないかという非難は、パンクロフィルムの使用や、ゼラチンと臭化銀の特性の利用にまでおよびかねないわけだが、それはオーソン・ウェルズから何も剥奪しないのである。

　ジャン＝ポール・サルトルもまた、この映画がフランスにやって来るよりもずっと前に発表された『レクラン・フランセ』誌の記事で、その演出の技法面での独創性に異議を唱えている。彼はこの作品の知性を認めつつ、その知性偏重を非難し、批評家たちはほとんど取り上げなかったが、物語の時制について巧みな分析を行っている。「いくつかの映像に反復相の価値を与えるような奇妙な効果がみられる。実際、物語のなかで、私たちはこう言っているのだ。「彼は妻がアメリカ中のあらゆる舞台で歌うことを強要したものだった」、と。これはたったひとつの文章の中に、その日その日に生きられた数多の出来事を凝縮している。（……）ウェルズはこの種の一般化をほどこす省略法に秀でている。（……）この手法はよく知られているが、これまでは筋立て《アクション》の余白で、政治的意見を示したり、ある行為が集団に対してどのような影響を及ぼすのかを見せるのに使われるか、あるいは単なる場面転換にすぎなかった。『市民ケーン』においては、それは筋立ての一部をなし、筋立てそのものであり、物語の緯糸を形作っているのであって、逆に、日付の特定されたシーンの方が例外なのだ。語り手はあたかもこう語っているかのようだ。「彼は彼女が至るところで歌うことを強要したものだった。彼女はそのことに疲れ切っていた。一度、彼女はそのことを彼に言おうとした、云々……」、と」［本書一一〇―一一二頁］。

この映画の真の独創性は、実際には、色々な手法それ自体のうちにはあるまい。映画言語の素材が決定的な仕方で獲得されて（少なくとも立体映画に至るまで）から十年になるいま、その言語の新しさは語彙や統辞論の観点ではなく、文体論《スティリスティック》の観点から理解されるべきだ。フローベールが半過去を発明したわけではないのと同様に、ジッドが単純過去を、あるいはカミュが複合過去を発明したのでもないが、彼らがこれらの時制を用いるやり方は独自のものだ。ともかく、ウェルズがこうした諸手法を発見したわけではないとはいえ、少なくともそれらの意味を発明したということは彼の功績として付け加えなければならないだろう。彼の映画的な書法《エクリチュール》は、疑いなく、彼に属するものである。

私はただ単に、物語の構成のことを言いたいのではない——もっとも、劇的なデクパージュの新しさはそれだけで考察に値するものだ。『市民ケーン』とドス・パソスの小説には、明らかに類縁性がある。ニュース映画の断片の挿入は、ジョルジュ・サドゥールがそう主張するのとは違って、おそらくジガ・ヴェルトフには何も負っておらず、『北緯四十二度線』と『ビッグ・マネー』の著者に多くを負っている。年代順に配列された物語の代わりに、一連の証人たちの記憶がそのピースを提供する一種のパズルを用いるということに関しては、『力と栄光』はおろか、『マリー・マルティーヌ』さえあまり引き合いには出せないのだ。

だが、私は「映画の再発明」はその点にはないだろうと思う。映画が小説に直接的な、あるいは漠然とした影響を及ぼした後、今日になって、小説からの反射光を受けているのは喜ばしいが、映画が多かれ少なかれ巧妙に現代小説を模倣するだけにとどまっていないということがよりいっそう重要なのだ。オーソン・ウェルズの功績は、彼がみずからの目標にとって必要不可欠な、映画言語の革命を成し遂げることができたということである。ウェルズの演出のあらゆる効果――彼が過去から借りてきたにせよ、彼自身がそっくり作り出したにせよ――は、デクパージュの技法を新たに構想するにあたっての材料なのである。

ほとんどの批評は被写界深度の深いレンズの使用に注意を促しており、R・レーナルトはまさに本誌で[1]、その主たる帰結をこう説明した。「演技は奥行きにおいてなされ、トラヴェリングやモンタージュは不要なものとなる」〔本書一二八―一二九頁〕。映画芸術が三十数年来、デクパージュ/モンタージュに基づいてきたことを考慮に入れるならば、この簡潔な文章はいくらか敷衍してしかるべきだろう。演出とは、筋立て《アクション》を、選ばれた諸断片(ショット)に分解し、その継起を精神が物語そのものであるととらえられるようにすることに存していた。私が「分析的」と呼ぼうとしているこのデクパージュには、二つの事柄を決して同時には見せないという傾向がある。台詞のやり取りは、二人の話者を順番に際立たせる「ショット」と「切り返しショット」の継起となる。カメラはシーンの劇的な重力の中心に従って移動し、私たちに代わって、まさにそれが見られるべき瞬間に、見なければならないものを選択する。カメラの移動は私たちが強制的に頭を動かされるようなものであり、奥行きの深いショットへの転換はレンズと否応なく連動させられている私たちの水晶体のピント合わせをするようなものだ。とはいえ、同じくロジェ・レーナルトは、ショットの大きさは、対象への物理的な接近よりも、注意が向けられる度合いに対応するとも指摘していた(2)(だからこそ、私たちはショットが転換してもそれが実際には作為的なものであるとは感じないのだ)。このように分析された物語は、筋立て《アクション》のあらゆる曲折にぴったり一致した一本の視覚的なメロディラインに沿ってスクリーン上で再構成される。おお、ミノタウロスよ、おまえのアリアドネの糸はここにある——それはデクパージュだ。

オーソン・ウェルズは、ほとんどのシークェンスをまったく違うやり方で構築する。たとえば、スーザン・アレクサンダー・ケーンの自殺未遂のシークェンスを取り上げてみよう。このシークェンスはまるまる、ちょうどベッドの高さでフレーミングされた単一のショットで撮られている。左の隅には、ナイトテーブルの上に巨大なコップと小さなスプーンがある。もう少し先の影になっている部分には、［ベッドに横たわる］スーザンの顔が見える——というよりは、なんとか見分けられる。彼女の存在と、すでにコップによって暗示されている劇《ドラマ》の性質は、低く響く呻き声、睡眠中の麻薬中毒者が立てるような寝息の音という、音響的なクロースアップによって明らかにされる。その向こう側には誰もいない寝室が広がり、一番奥には、［広角］レンズがはるか彼方まで続く展望を生み出すことによっていっそう遠ざけられた扉がある。扉の背後には、ケーンの呼びかける声と木製の扉を肩で破ろうとする音という、もっぱら音声だけによる遠景がある。そういうわけで、この単一の「ショット」は、二つの劇的な重力の中心——それぞれが音響的かつ視覚的な要素から成る——との関連で、奥行きを用いて構築されているのだ。

ベッドと扉のあいだに人気《ひとけ》のない寝室を配置することで、オーソン・ウェルズが自分のレンズをどのように使おうとしたか、もうお分かりだろう。二つの極のあいだに引き伸ばされたこの映像、つまり観客の顔にくっつけられた途方もなく巨大な前景と、とても遠くにあり、そこからは音だけが聞こえてきて、ケーンの不安と怒りが察せられる小さな四角形［の扉］を伴う映像が、どのような内的ダイナミズムを持っているのかは、作品を見ていない限り想像しにくい。だが、さらに続けよう。扉が破られ、ケーンが登場し、ベッドの方に駆け寄る。その彼と同時に、まさしくドラマの後景全体が私たちへと迫ってくる。抗しがたいほど引きつけ合っていたアクションの二つの核が合流する。映像を引き裂いていた緊張、論理的なアクション（つまり、物語のアクション）をそれに固有の造形的な劇《ドラマ》によって二重化していた緊張が解ける。ケーンの肩に破られた扉とともに、緊張も破られたのだ。映像の劇的な過電圧は一挙に下がる。オーソン・ウェルズはショットを転換する。

このシーンを古典的な仕方でデクパージュしたらどうなっていたか、思い描いてみる必要があるだろうか。その場合、同じ出来事を提示するのに、四つか五つの異なるショットを要しただろう。部屋の内側と外側で撮られた光景に並行モンタージュを施し、ついに扉が破られるときに寝室をおきまりの切り返しショットでとらえるに至るというやり方は、明らかに避けがたかっただろう。だが、あまりくどくど言わないようにしよう。この種の事例は、この映画を見ればたくさん提供されるだろうから。私としては、ケーンがジョゼフ・コットン［演じるリーランド］と口論を交わし、キューバでの戦争が布告される宴会のシーンで、ショットを転換しなければならないときでもケーンを見失わずにすむように、演出家が主人公の姿を窓ガラスに反映させておく手筈を整えているということを思い出させるだけにしておこうと思う。こうした劇《ドラマ》の塊に関してモンタージュやデクパージュを語ることには、もうほとんど譬喩的な意味しかない。もはや、重要なのは映像の継起とそれらの間の関係というよりは、ついに三次元で使われるようになった劇的空間に打ち立てられる、映像どうしの内的構造であり、引力であり、電流なのである。レンズが私たちの目のためにピントを合わせるのではなく、私たちの精神の方こそが、この一様に鮮明な空間で、劇的スペクトルとぴったり寄り添うよう命じられるのだ。ウェルズ作品において俳優の演技の密度が並外れて濃いことは、そのような技法の当然の帰結である。シーンが展開していく途中で、ある登場人物があまり重要ではなくなると、古典的デクパージュは決まってその人物を画面から排除する。オーソン・ウェルズは、そのような人物を画面にとどめつつ、その演技が興味の中心をなお占めていた場合と同じくらい的確なものであり続けるように気を配っているが、それによって観客の注意力がいつでも分散させられてしまうというおそれが生じる。私たちはつねに、主要な出来事があえて言うなら私たちの背後で生じていないかどうか、見張っていなければならないのだ。ここにはまさに、全面的なリアリズムという断固たる方針がある——つまり、現実を均質なものとして措定し、それを分割できないもの、スクリーンのどの座標にあっても等しい密度を持つものとみなすやり方のことだ。舞台背景全体、俳優たち全員が、映像の全体にわたって、私たちのまなざしに対してと同時に、アクションに対しても等しく差し出されている。もし俳優などが「フレームの」外側にいたままだとしても、そこには大数の法則から外れるような計算結果と同程度に予測不可能な偶然以外のものは何もない。映画の最後の方に目立って登場するジグソーパズルというライトモチーフも、この作品の美学を象徴するものである——ニュース映画の「生のままの」断片において、定義上、出来事がレンズという抜き型によって行き当たりばったりに切り取られる場合でもそうだし、構成が非常に工夫された部分において、スクリーンという額縁が、アクションがそのあらゆる造形的な効果を発揮するのに最もふさわしい場所で、開かれた窓として用いられる場合でもそうなのだ。だが、ジグソーパズルが前もって仕上げられている画像を切り分けているのと同様に、オーソン・ウェルズのデクパージュは、映画では通常そうであるように、まったく慣習的な仕掛けに沿って現実をその諸要素へと分析するのではなく、偶発的な、あるいは選ばれた分割線に沿って現実を断片化する。そのため、ある同じシーンに二度、立ち戻るということが生じるのだ。たとえば、二つの部分的な物語の途中に出てくる、オペラハウスでの総稽古［実際には初日］のシーンがそれだ。最初のシーンでは、私たちはヒロインを正面から、幕の方から見るのに対して、二番目のシーンでは舞台の奥から見る。同じ出来事に対するこのような二つの視点は、ジグソーパズルの隣り合う二つのピース――ただし、二番目のピースはすぐさま置かれたわけではなかっただろう――と同じくらいぴったりとはまっている。スーザンが出て行ってしまうシーンも同様で、執事の証言の際には、スーザンの物語でカメラがケーンを置き去りにしたちょうどその時点から、もう一度取り上げられるのだ。

この手短な検討において、確かに私はごく限られた事例しか取り上げなかったかもしれない。映画全体が以上のような原則に従って組み立てられているわけではないし、たいていの場合、きわめて特徴的な断片のただ中でも、オーソン・ウェルズはカメラによるシーンの古典的な分析に頼ることをためらわない——とはいえ、見たところ伝統的な提示の手法への回帰が、映画の全体的なスタイルをいささかも損なわないのはなぜなのか、そしてウェルズがすばやいモンタージュを用いるとき、彼がその部分にまで、固定ショットにおける「リアリズム的」な技法の要諦を通用させるに至っているのではないか、ということはさらに検討しなければならないだろう。

議論をこのように切り詰めてしまうに至ると、残った部分はおそらくかなりあるかもしれず、まるで好意的ではない人々はその箇所については、逆説を弄するという断固たる方針や、他人と同じことはしないという欲求に基づいているとみなすであろう。天井や、安上がりの「スクリーンプロセス」の代わりに建造された舞台背景を人がそうしたカテゴリーに入れてしまうのは、結局のところ、ほとんどどうでもいいことだ。私はただ、そのような貴重な残滓は取るに足らないものであるどころか、そこから引き出しうる副産物だけでも一本の映画作品が受ける以上の栄誉に足りるということを指摘しておこう。いつもの技法の逆をつくということが才能豊かになされると、決まって、忘れられていた真実が明らかにされるという結果になる。私たちは、美しい女性の顔を間近から見るとき、それは当然、均斉のとれた複数の光源によって照らし出されており、人々は重要なことを言うとき背中を向けたりはせず、天井が私たちの実存を制限していることは決してないと信じるに至っている。オーソン・ウェルズはそのことを私たちに思い起こさせながら、理論的な刷新を映画に取り戻し、自分の劇《ドラマ》のための道具一式を新しい効果や忘れられていた効果でより豊かにしているのだが、それらの効果は現代の芸術的状況においてかつてみられなかったほどの反響を得ているのである。

＊

サルトルの言葉に従えば、こうした技法は形而上学を参照しているのだが、それを定義することはより哲学的な指向の持ち主に委ねることにしよう。私としてはただ、結論に代えて、文学と映画が相互にもたらす影響——それはこの場合、明らかなことのように思われる——が、表現手段の特性を何ら弱めるものではないということを指摘しておきたい。私たちがフランスで、ドストエフスキーやジッドやバルザックの小説を、ほとんど変わりばえのしないひとつの言語でスクリーン向けに「脚色」することに夢中になり、舞台背景や照明による子供じみた皮相な技巧を使って元々の文体をむなしく尊重しようとしているのに対して、オーソン・ウェルズやW・ワイラーやプレストン・スタージェスのような人々は、脚色することなく、映画で自分たちの物語を書き——あるいは、書き直し——、そのためとあらば、ちょうど、たとえばジェイムズ・ジョイスのような人が文学の領域でなしえたように、映画言語のまさにただ中において各々のやり方で、必要不可欠な革命を成し遂げることを怖れないのだ。アメリカの小説と映画がますます多くの関係を持ちつつあることが判明しているとしても、その両者の関係は、文学的な映画の類いに至るどころか、むしろ、いずれの芸術についても、それぞれに固有の技法を揺るぎないものにしているのだ。小説と映画は模倣し合うことなく、どちらも共通の

「投企《プロジェ》」を取り入れているだけなのであり、隣接する芸術を書き写すことなく、同じ「目的」をかなえるのだ。ジョルジュ・サドゥールがしているように、いくつかの手法が以前にも用いられていることに言及し、それらの所有権をオーソン・ウェルズに認めないのは、発明とはそれを自家薬籠中のものとした人々に属するという事実を忘れることだ。グリフィスもクロースアップを発見したわけではなかったが――クロースアップは、グリフィスに何年も先立って、そこかしこにみられた――、みずからの物語を明瞭に語るために体系的にショット転換を用いることで、デクパージュ――つまり、その後の三十年間の映画そのもの――を発明した。もしオーソン・ウェルズが『市民ケーン』によって、現代の映画語法の錬金術の最も輝かしい事例のひとつを与えただけであったとしても、彼は新し物好き《スノビズム》の注意を引く以上のことに値するだろう。彼は「映画の再発明」をしていないとしても、少なくとも、マルローやヘミングウェイやドス・パソスもまた自分たちの用いる言語を再発明しているという意味で、彼自身の映画を再発明している。だが、おそらく、そうした作業を十分なかたちでなしえたのは、例の規格化された映画というものの彼岸――柔軟で、包み隠しがなく、芸術家が意図することに対して、小説家が使う万年筆と同じくらい抵抗感を与えないような——においてのみだったのだ。最近十年間で最も果敢な映画作品が、みずからの着想にしか熟練していない二十五歳の若者の手によるものであることは、意味深長である。

訳註

（1）レーナルトの記事は『レクラン・フランセ』誌に掲載されたものなので、バザンがここで「本誌」（『レ・タン・モデルヌ』誌）と書いているのは正確ではない。

（2）レーナルトが一九三五年から一九三六年にかけて『エスプリ』誌に連載し、映画技法の基礎を解説した記事「観客のための小さな学校」に、次のような箇所がある。「三次元の現実を視覚的に知覚する際、私たちの眼や私たちの精神は、近づいたり遠ざかったりするという作業を自動的に絶えず行っている。だが、写真は平坦なので、そのような心理的かつ感覚的な奥行きを復元するためには、同一の対象の、サイズの異なる二つの映像を組み立て、繋げなければならない」（Roger Leenhardt, *Chroniques de cinéma*, Editions de l'Etoile, 1986, p. 55）。

André Bazin, « La technique de *Citizen Kane* », *Les Temps modernes*, n° 17, février 1947, p. 943–949.

オーソン・ウェルズ フィルモグラフィ

『市民ケーン』Citizen Kane

一九四一年／三五ミリ／白黒

マーキュリー・プロダクション作品（RKOラジオ・ピクチャーズ配給）

監督・製作：オーソン・ウェルズ／脚本：ハーマン・J・マンキーウィッツ、オーソン・ウェルズ／撮影：グレッグ・トーランド／美術：ヴァン・ネスト・ポルグレーズ、ペリー・ファーガソン／音楽：バーナード・ハーマン／特殊効果：ヴァーノン・L・ウォーカー／編集：ロバート・ワイズ／録音：ベイリー・フェスラー、ジェイムズ・G・スチュアート／衣裳：エドワード・スティーヴンソン

出演：オーソン・ウェルズ（チャールズ・フォスター・ケーン）、ジョゼフ・コットン（ジェデダイア・リーランド）、エヴァレット・スローン（バーンスタイン）、ドロシー・カミンゴア（スーザン・アレクサンダー・ケーン）、ジョージ・カラリス（ウォルター・パークス・サッチャー）、ルース・ウォリック（エミリー・モンロー・ノートン・ケーン）、レイ・コリンズ（ジム・ゲティス）、ウィリアム・アランド（ジェリー・トンプソン）、アグネス・ムーアヘッド（ケーンの母親メアリー）、アースキン・サンフォード（ハーバート・カーター）、ポール・スチュアート（レイモンド）、フォーチュニオ・ボナノヴァ（マティスト）、ガス・シリング（エル・ランチョの給仕長）、フィリップ・ヴァン・ザント（ロールストン）、ジョージア・バッカス（ミス・アンダーソン）、ハリー・シャノン（ケーンの父親ジム）、ソニー・バップ（ケーンの息子）、バディ・スワン（八歳のケーン）

撮影期間：一九四〇年七月三〇日―一〇月二三日／上映

時間：一一九分／アメリカ公開：一九四一年五月一日／フランス公開：一九四六年七月三日／日本公開：一九六六年六月一四日

『偉大なるアンバーソン家の人々』

The Magnificent Ambersons

一九四二年／三五ミリ／白黒

マーキュリー・プロダクション作品（RKOラジオ・ピクチャーズ配給）

監督・脚本・製作：オーソン・ウェルズ／原作：ブース・ターキントン／撮影：スタンリー・コルテズ／美術：マーク＝リー・カーク／装置：アル・フィールド／衣裳：エドワード・スティーヴンソン／編集：ロバート・ワイズ／助監督：フレッド・A・フレック／特殊効果：ヴァーノン・L・ウォーカー／録音：ベイリー・フェスラー、ジェイムズ・G・スチュアート／音楽：バーナード・ハーマン

出演：ティム・ホルト（ジョージ・アンバーソン・ミナファー）、アン・バクスター（ルーシー・モーガン）、アグネス・ムーアヘッド（ファニー・ミナファー）、ジョゼフ・コットン（ユージーン・モーガン）、ドロレス・コステロ（イザベル・アンバーソン・ミナファー）、レイ・コリンズ（ジャック・アンバーソン）、リチャード・ベネット（アンバーソン少佐）、アースキン・サンフォード（ロジャー・W・ブロンソン）、ボビー・クーパー（子供時代のジョージ）、ガス・シリング（ドラッグストアの店員）、オーソン・ウェルズ（ナレーション）

撮影期間：一九四一年一〇月二八日—一九四二年一月二二日／上映時間：八八分／アメリカ公開：一九四二年七月一〇日／フランス公開：一九四六年一一月一五日／日本公開：一九八八年四月一日

『恐怖への旅』Journey Into Fear

一九四二年／三五ミリ／白黒

マーキュリー・プロダクション作品（RKOラジオ・ピクチャーズ配給）

監督：ノーマン・フォスター、オーソン・ウェルズ／脚本：ジョゼフ・コットン、オーソン・ウェルズ／原案：

エリック・アンブラー／撮影：カール・ストラス／撮影技師：ジョージ・クレメンツ／美術：マーク＝リー・カーク／装置：ロス・ダウド／衣裳：エドワード・スティーヴンソン／助監督：デューイー・スターキー／録音：リチャード・ヴァン・ヘッセン／編集：マーク・ロブソン／特殊効果：ヴァーノン・L・ウォーカー／ダビング：ジェイムズ・G・スチュアート／音楽：ロイ・ウェッブ（指揮：コンスタンティン・バカレイニコフ）／製作：オーソン・ウェルズ

出演：ジョゼフ・コットン（ハワード・グレアム）、ドロレス・デル・リオ（ジョゼット）、ルース・ウォリック（ステファニー・グレアム）、ユースタス・ワイアット（ハラー教授）、ジャック・モス（ピーター・バナート）、オーソン・ウェルズ（ハキ大佐）、エヴァレット・スローン（コペイキン）、エドガー・バリアー（クヴェトリ）、フランク・レディック（マシューズ）、アグネス・ムーアヘッド（マシューズ夫人）、ジャック・デュラント（ゴゴ・マーテル）、ステファン・シュナーベル（パーサー）、リチャード・ベネット（船長）、ハンス・コンリード（手品師）、ロバート・メルツァー（口髭を生やしたボーイ）

撮影期間：一九四二年一月六日—三月一二日／上映時間：六八分／アメリカ公開：一九四三年二月一二日／フランス公開：一九四七年六月一七日／日本公開：一九八九年一月二一日（テレビ放映題『恐怖の旅路』）

『ストレンジャー』The Stranger

一九四六年／三五ミリ／白黒

インターナショナル・ピクチャーズ作品（RKOラジオ・ピクチャーズ配給）

監督：オーソン・ウェルズ／脚本：ジョン・ヒューストン、アンソニー・ヴェイラー、オーソン・ウェルズ／原案：ヴィクター・トライヴァス／翻案：ヴィクター・トリヴァス、デクラ・ダニング／撮影：ラッセル・メティ／撮影技師：ジョン・L・ラッセル／美術：ペリー・ファーガソン／装置：ハワード・ブリストル／衣裳：マイケル・ウルフ／助監督：ジャック・ヴォグリン／脚本監修：ケイ・フィリップス／録音：アーサー・ジョンズ

／編集：アーネスト・ニムズ／ダビング：コーソン・F・ジャウエット／音楽：ブロニスラウ・ケイパー／編曲：ハロルド・バーンズ、シドニー・カットナー／製作：S・P・イーグル［サム・スピーゲル］
出演：ロレッタ・ヤング（メアリー・ロングストリート・ランキン）、エドワード・G・ロビンソン（ウィルソン警部）、オーソン・ウェルズ（フランツ・キンドラー／チャールズ・ランキン）、ビリー・ハウス（ソロモン・ポッター）、リチャード・ロング（ノア・ロングストリート）、コンスタンティン・シェイン（コンラート・マイニケ）、フィリップ・メリヴァル（アダム・ロングストリート判事）、マーサ・ウェントワース（サラ）、バイロン・キース（ジェフリー・ローレンス医師）、ジョン・ブラウン（写真家）、アースキン・サンフォード（ランドール、パーティーのゲスト）
撮影期間：一九四五年九月下旬または一〇月上旬—一一月二一日／上映時間：九五分／アメリカ公開：一九四六年七月二日／フランス公開：一九四八年四月七日／日本未公開（テレビ放映題『ナチス追跡』）

『上海から来た女』 The Lady From Shanghai
一九四七年／三五ミリ／白黒
コロムビア作品
監督・脚本・製作：オーソン・ウェルズ／原案：シャーウッド・キング／撮影：チャールズ・ロートン・ジュニア／美術：ステファン・グーソン、スタージェス・カーン／装置：ウィルバー・メネフィー、ハーマン・シェーンブラン／衣裳：ジーン・ルイス／助監督：サム・ネルソン／録音：ロッジ・カニングハム／編集：ヴィオラ・ローレンス／音楽：ハインツ・レームヘルド（指揮：モリス・W・ストロフ、歌：アラン・ロバーツ、ドリス・フィッシャー《私にキスしないで》）
出演：オーソン・ウェルズ（マイケル・オハラ）、リタ・ヘイワース（エルサ・バニスター）、エヴァレット・スローン（アーサー・バニスター）、グレン・アンダース（ジョージ・グリスビー）、カール・フランク（地方検事ギャロウェイ）、アースキン・サンフォード（判事）、テッド・デ・コルシア（シドニー・ブルーム）、ガス・シリング（ゴールディー）、ルイス・メリル（ジェ

イク・ビョルンソン)、イーヴリン・エリス(ベシー)
撮影期間：一九四六年一〇月二日―一九四七年二月二七日／上映時間：八七分／アメリカ公開：一九四八年五月／フランス公開：一九四七年一二月二四日／日本公開：一九七七年八月六日

『マクベス』Macbeth

一九四八年／三五ミリ／白黒
マーキュリー・プロダクション作品(リパブリック配給)
監督：オーソン・ウェルズ／脚本：オーソン・ウェルズ(シェイクスピアの戯曲に基づく)／撮影：ジョン・L・ラッセル(第二班：ウィリアム・ブラッドフォード)／美術：フレッド・リッター／装置：ジョン・マッカーシー・ジュニア、ジェイムズ・レッド／衣裳：アデル・パルマー、オーソン・ウェルズ／助監督：ジャック・レイシー／音声：ジョン・ストランスキー・ジュニア、ギャリー・ハリス／編集：ルイス・リンゼイ／特殊効果：ハワード&セオドア・ライデッカー／音楽：ジャック・イベール(指揮：エフレム・クルツ)／製作：チャールズ・K・フェルドマン、オーソン・ウェルズ
出演：オーソン・ウェルズ(マクベス)、ジャネット・ノーラン(マクベス夫人)、ダン・オハリヒー(マクダフ)、ロディ・マクドウォール(マルコム)、エドガー・バリアー(バンクォー)、アラン・ネイピア(教皇)、アースキン・サンフォード(ダンカン)、ジョン・ディアーケス(ロス)、キーン・カーティス(レノックス)、ペギー・ウェバー(マクダフ夫人／魔女)、ライオネル・ブラハム(シーワード)、アーチー・ヒューグリー(小シーワード)、ジェリー・ファーバー(フリーアンス)、クリストファー・ウェルズ(マクダフの息子)、モーガン・ファーレー(医者)、ルーレーン・タトル(侍女／魔女)、ブレーナード・ダフィールド(第一の刺客／魔女)、ウィリアム・アランド(第二の刺客)、ジョージ・チレロ(シートン)、ガス・シリング(門番)
撮影期間：一九四七年六月二三日―七月一七日／上映時間：一〇七分(一九四八年版)、八六分(一九五〇年版)／アメリカ公開日：一九四八年一〇月一日(一九五

〇年版は同年九月）／フランス公開日：一九五〇年六月二三日／日本公開日：一九五二年三月六日

本書刊行以降の長篇映画作品（完成作に限る）

『オセロ』The Tragedy of Othello　一九五二年／モロッコ／三五ミリ／白黒

『アーカディン氏』Mr. Arkadin (a.k.a. Confidential Report)　一九五五年／スペイン／三五ミリ／白黒

『黒い罠』Touch of Evil　一九五八年／三五ミリ／白黒

『審判』The Trial　一九六二年／フランス・西ドイツ・イタリア／三五ミリ／白黒

『フォルスタッフ』Falstaff (a.k.a. Chimes at Midnight)　一九六五年／スペイン・スイス／三五ミリ／白黒

『不滅の物語』The Immortal Story　一九六八年／フランス／三五ミリ／イーストマンカラー

『フェイク』F for Fake　一九七三年／フランス・イラン・西ドイツ／三五ミリ（一六ミリのブローアップを含む）／イーストマンカラー

－このフィルモグラフィでは、オーソン・ウェルズが演出を手がけた作品のうち、完成した長篇映画作品のみを掲載した。演劇活動も含めた実績については、梅本洋一編「オーソン・ウェルズ　テアトロ＝フィルモグラフィー」（『シネアスト2　オーソン・ウェルズ』所収、青土社、一九八五年）、未完の作品も含めたフィルモグラフィについては、バーバラ・リーミング『オーソン・ウェルズ偽自伝』（宮本高晴訳、文藝春秋、一九九一年）所収のものを参照してほしい。

－フィルモグラフィ作成にあたっては、映画本篇のクレジット情報に加えて、Jean-Pierre Berthomé et François Thomas, *Orson Welles au travail*, Cahiers du cinéma, 2006 所載のフィルモグラフィを特に参照した。

訳者解説　ウェルズとバザン、ふたたび

堀潤之

本書は、ジャン・コクトーの序文つきでアンドレ・バザン（一九一八―五八）が一九五〇年に上梓したオーソン・ウェルズ論（Jean Cocteau et André Bazin, *Orson Welles*, Editions Chavane, 1950）の全訳に加えて、『市民ケーン』（一九四一）をめぐって戦後のフランスで交わされた論戦の要諦を紹介すべく、ジャン＝ポール・サルトル、ジョルジュ・サドゥール、ロジェ・レーナルト、そしてバザンが同作品を論じた四篇の雑誌記事を「資料」として訳出したものである。

この解説では、まず前半で、これまでのバザンの著作群の全般的な出版状況を振り返りながら、なぜ一九七二年に遺稿に基づいて出版されたウェルズ論ではなく、いわば「幻の処女作」として半ば忘却されていた感のある一九五〇年版のウェルズ論を翻訳するのかを説明する。実のところ、いまだきちんとした校訂版が存在しない以上、バザンを読むにあたっては、一見すると些末に思えるかもしれない出版事情を踏まえておくことが不可欠なのである。

後半では、バザンのウェルズ論がまさにそのただ中で練り上げられた一九四五年から一九五〇年にかけてのフランスにおける映画批評の状況を、ウェルズをめぐる応酬――「資料」として訳出した四篇の記事はその重要な一部を成している――に焦点を当

てながら見渡すことにしたい。映画理論家というよりは、フットワークの軽い批評家として、封切られたばかりの映画に、そしてその映画を取り巻く言説に敏感に反応しながら執筆していたバザンを理解するには、彼の文章を精読するだけでは十分とは言えず、同時代の映画批評のコンテクストにも留意する必要がある。ウェルズのように毀誉褒貶にさらされた映画作家を扱っている場合、なおさらそれが当てはまることは言を俟たないだろう。

1——知られざるバザン

バザンはいまだほとんど読まれていない——こう言ったらいささか挑発的に聞こえるだろうか。だが、これは決して誇張ではない。フランスでバザン全集を準備しているエルヴェ・ジュベール＝ローランサンによれば、バザンが一九四一年七月から死に至るまでの一七年間に書き続けた約二六〇〇篇にも及ぶ長短さまざまな文章のうち、私たちは通常、わずか五％——すなわち、約一三〇篇——くらいのタイトルにしか触れていないのだという。(1)それ以外のタイトルは、主著『映画とは何か』をはじめとする単行本に再録されていないため、初出の媒体に掲載されたきり、ほとんど読まれることがなくなってしまったのだ。もちろん、たとえばバザンが日刊紙『ル・パリジャン・リベレ』の映画欄担当記者として、ほぼ終生にわたって（発刊直後の一九四四年九月一〇日号から一九五八年一一月一〇日号まで）執筆した一三八二篇の記事は基本的には封切り映画に対する最初の印象を記した短評であり、より力のこもった長篇論考は単行本に収録される機会に多く恵まれただろうから、少なくとも分量という意味で私たちがバザンの五％しか知らないということはあるまい。それでも、私たちがふだん読んでいるものが、バザンの全著作のほんの一部でしかないことはまぎれもない事実なのである。

そもそも、生前のバザンが構想した四巻本の『映画とは何か』[2]にしても、全巻合わせてわずか六五篇の論考を収録しているにすぎない——ちなみに、日本は全巻が翻訳されたおそらく唯一の国である。[3]しかも一九七五年には、出版社の判断で六五篇のうち二七篇が一巻にまとめられ（その選択は、フランソワ・トリュフォーのアドバイスの元、バザンの未亡人であるジャニーヌ・バザンと出版社によって行われたという）、当初は「決定版」と銘打たれていた。絶版となった四巻本は容易には入手できなくなり、現在に至るまで版を重ねている一巻本だけを参照すれば事足りるかのような空気が醸成されていく。[4]

とはいえ他方では、ほぼ同時期にバザンの著作の刊行ラッシュも生じている。まず一九七一年と翌年には、バザンの生前最後の単行本企画だった『ジャン・ルノワール』と『オーソン・ウェルズ』が、それぞれトリュフォーとアンドレ・S・ラバルトの編纂によって、遺稿に基づいて出版される[5]——なお、このウェルズ論は後述するように、本書で訳出したものとは別のものである。一九七二年にはトリュフォーの編纂で、チャップリンをめぐる一〇篇の文章を集めた『チャーリー・チャップリン』も刊行されている。[6]次いで、一九七五年にはやはりトリュフォーが強力なエディターシップを発揮して、単行本未収録のテクストを中心に、二冊のバザン集成を編纂する。シュトロハイム、ブニュエル、ヒッチコック論などを三六篇収録した『残酷の映画』、そしてバザン最初期の三二篇のテクストを集めた『占領とレジスタンスの映画』である。[7]

しかし、こうした精力的な編纂作業によっても、バザンのテクスト群が汲み尽くされたわけではない——そのうちの何冊かはすでに手軽に入手できる状態にはないだけに、なおさらだ。しかも、こうした流れは、一九八三年にジャン・ナルボニによって、一九四五年から一九五八年までのフランス映画論を集成した『解放からヌーヴェル・ヴァーグまでのフランス映画』が編纂されたのを最後にしばらく途絶えてしまう。[8]「バザン・アーカイヴ」を掘り起こして、これまで必ずしも知られていなかったバザンの新たな相貌を浮かび上がらせるという企ては、それから実に三十年後、ダドリー・アンドリューが五七篇のテクストの編纂・翻訳によって、バザンの「ニューメディア」論——テレビ論、シネマスコープ論、立体映画論など——を詳らかにした『アンドレ・バザンのニューメディア』とともに、ようやく本格的に再始動されることになる。[9]バザンが遺した約二六〇〇篇のテクスト群は、おそらく、そこからさらにいくつもの興味深いアンソロジーを実際に、あるいは潜在的に紡ぎ出すことができるような、きわめて豊穣なアーカイヴを形成しているのである。

さて、本書『オーソン・ウェルズ』は、バザンが初めて上梓した単行本であるにもかかわらず、早々に読まれなくなってしまった書物である。凱旋門のすぐ側のグランダルメ大通り一二番地に位置していた小出版社P・A・シャヴァーヌから、叢書「進行中の映画（Le Cinéma en marche）」の第二巻として刊行された本書は、映画ジャーナリズムを賑わせている新進気鋭の批評家の処女作であり、ずっと年長の映画批評家ルネ・ジャンヌ（一八八七—一九六九）による同時代の書評では「この新しい叢書の目玉」として称賛されているとはいえ、[10]激動の戦後期にあってもはや『市民ケーン』の衝撃も消え去ろうかという頃合いに、序文を寄せたコクトーとの「共著」というかたちでかろうじて世に出すことのできた少部数の出版物だっただろうことは想像に難くない。[11]皮肉なことに、バザンの死後、『映画とは何か』の刊行が始まり、彼の名声が高まった頃には、本書はとうに絶版で入手困難なものになっていたようだ。しかし、本書が「幻の処女作」になってしまった最大の理由は、何と言っても、一九七二年に、先にも触れた新版『オーソン・ウェルズ』が刊行されたことにある。ときに誤って「増補版」などと見なされたこの一九七二年版の影に隠れて、一九五〇年版はほとんど省みられなくなってしまったのだ。

ここで、一九七二年版の成立と普及の顚末についてもう少し詳しく補足し、その一九五〇年版との根本的な違いを指摘しておこう。一九七二年版に序文を寄せたアンドレ・S・ラバルトによれば、バザンは一九五八年一一月一一日に早すぎる死を迎えるしばらく前から一九五〇年版の改訂を計画しており、『黒い罠』のパリ公開（一九五八年四月二三日）の直後に手を入れた状態のものが未発表のまま残されていた。一九七二年版は、その草稿に必要な章立てを施し、小見出しを追加したものである。[12]この版は、一九七八年にアメリカの映画批評家ジョナサン・ローゼンバウムによって英訳され、[13]それが国際的にも広く流通したことで、長らく絶版になったままの一九五〇年版はますます視界から遠ざけられていく。英訳刊行にあたって、トリュフォーは「ウェルズとバザン」と題された長大な序文を書き下ろしているのだが、彼はそこで新版を「増補改訂版」と形容し、旧版を打ち棄ててもよいかのような印象を強めている。[14]現在、フランスで簡単に入手できる文庫版も一九七二年版にトリュフォーの序文を追加したものであり、[15]英語以外の言語への翻訳についても、ほとんどが一九七二年版を底本としている。[16]このように、バザンのウェルズ論は、一九七二年版ばかりが世界的により多く読まれており、一九五〇年版は控えめに言って忘却されているのだ。

しかしながら、一九七二年版は、一九五〇年版の「増補改訂版」というよりは、まったく異なるコンセプトに基づいて書かれた本であり、しかも質的にも一九五〇年版に見劣りすると言わざるを得ない本なのである。まず、一九七二年版は、ウェルズの生涯をその誕生から年代順にたどっていくオーソドックスな評伝のかたちを取っているが、そのことが要請する「客観的」な記述のスタイルによってかえってバザンの独創性が見出しにくくなっている。

また、伝記的な事実を伝える部分については、バザンの生前に刊行されていた既存の二冊の伝記――ロイ・アレクサンダー・ファウラーによる最初のウェルズ伝(一九四六年)と、ピーター・ノーブルによる伝記(一九五六年)――、特に一九五七年にフランス語版が刊行されている後者が大いに参照されていることは間違いない。バザンはある記事で、このフランス語訳が、忠実な「翻訳」であるどころか、きわめていい加減な「ダイジェスト」にすぎないことに憤っている。[17]ところが、ローゼンバウムによれば――一九七二年版の英訳者である彼こそが、一九五〇年版がより優れたものであることを最も声高に主張している人物であるのは皮肉なことだ――、一九七二年版は「急いで書かれたことが明らかで、ピーター・ノーブルによるすでにあまり信頼できない英語の本を不完全に訳したフランス語版を書き写している箇所もいくつかある」ような代物であり、[18]実際、評伝としてすぐれたものに仕上がっているかどうかは疑問なしとしない。

もちろん、一九七二年版には、一九五〇年以降に撮られた『オセロ』（一九五二）、『アーカディン氏』（一九五五）、『黒い罠』（一九五八）の三作品が取り上げられているという明白な利点もある。しかし、これら三作品の実質的な分析はごくわずかであり、ほとんど下書きの状態にとどまっている。というのも、バザンの筆は肝心なところで止まってしまい、『オセロ』と『黒い罠』に関してはウェルズ自身のインタヴューに、『アーカディン氏』に関してはエリック・ロメールによる稠密な批評の引用に、それぞれ道を譲ってしまうからだ。[19]そのため、一九五〇年版よりも多くの作品を扱っていることは、決定的な利点とは言いがたい。一九七二年版を読んで痛感するのはむしろ、バザンにとってのウェルズは、最後まで『市民ケーン』と『偉大なるアンバーソン家の人々』（一九四二）であり続けていた、ということなのだ。

事実、一九七二年版には、評伝のスタイルからやや遠ざかって、この二本の作品を集中的に分析した箇所——編者によって「偉大なる二部作《ディプティック》、地質学と起伏」と題された章——がある。一九七二年版のうち、バザンの分析の冴えが最も明瞭に見て取れるのがこの部分であることは間違いないだろう。しかし、この章の大部分は、一九五〇年版の「2 幼年期の虜になった食人鬼」と「4 主題の深さから画面の深さへ」で展開されている議論の分量にして約半分を切り貼りしたものなのだ。したがって、理論的な側面に限って言えば、一九七二年版は、一九五〇年版の「増補版」であるどころか、むしろ「縮約版」

でしかないのである。ちなみに、全体としては、一九五〇年版のおよそ三割の文章が「再利用」されている。(20)

要するに、一九七二年版は、旧版の文章をリサイクルしつつ、バザンが最も得意としていたはずの粘り強い作品分析と一体化した理論的構築の部分を切り詰めて、全体を評伝として（いささか中途半端に）再構成したものなのである。ウェルズが死去した一九八五年を皮切りに、今日に至るまですぐれた伝記が何冊も刊行されていることを考え合わせると——そのうち、バーバラ・リーミングによるものには邦訳もある(21)——、現在、バザンの評伝によってウェルズの人生についての目新しい情報を得ることはまずできないと言っていいだろう。だとするなら、次節で詳しくみるように、バザンが「反ウェルズ主義者」との論争的なコンテクストのなかで、客観性を装うことなく、思いきりウェルズに肩入れする立場で密度の濃い議論を展開している一九五〇年版を訳出することにこそ、より大きな意義があると判断した次第である。

2——ウェルズ論争一九四五—一九五〇

死の直前に改訂版を準備していたバザンは、なぜ旧版をまるごと再録した上で増補を行うのではなく、評伝という別のコンセプトに基づいた本に書き換えたのだろうか。ウェルズ作品に対する基本的な構えが変わったわけではないことは、前述のように、ほとんど旧版の切り貼りで「偉大なる二部作」についての章を作り上げていることからも確認できる。バザンはもしかしたら、一九五〇年版に色濃く残っているウェルズをめぐる激しい論争の痕跡を消し去って、論争の結果として結晶化された理論的認識だけを提示したかったのかもしれない。だが、今日の読者にとってよりいっそう興味深いのは、バザンの思考そのものだけでなく、その思考がどのような知的コンテクストで生み出されたのかという生成過程でもあるはずだ。そのため、この解説の後半では、「資料」として訳出した四篇の記事の紹介も兼ねて、一九四五年から一九五〇年にかけてのフランスにおけるウェルズ論争のコンテクストを再現してみたい。

ナチス・ドイツによる占領が終わりを告げ、解放に伴う高揚感と希望にあふれたこの時期には、映画を取り巻く状況も一変する。まず、すでに占領下で地下出版されていた『レクラン・フランセ』誌が一九四五年七月四日号から正式に週刊誌として創刊されるなど、映画に関する定期刊行物が活況を呈するようになる。ジャン・ジョルジュ・オリオル（一九〇七—五〇）によって約十五年前に刊行されていた月刊誌『ラ・ルヴュ・デュ・シネマ』（一九二八—三二年）も、一九四六年一〇月から第二期として再開し、一九四九年一〇月の二〇号まで続くことになる。オリオルの不慮の死の後、この雑誌を引き継ぐかたちで、ジャック・ドニオル＝ヴァルクローズ（一九二〇—八九）、ジョゼフ＝マリ・ロー・デュカ（一九一〇—二〇〇四）、そしてバザンによって一九五一年四月に『カイエ・デュ・シネマ』誌が創刊されたことは、比較的よく知られているだろう。同誌と並んで現在まで続いているもう一つの映画専門誌『ポジティフ』がリヨンでベルナール・シャルデール（一九三〇—）によって創刊されるのは、その翌年、一九五二年五月のことである。バザンはこれらのうち、『ポジティフ』を除くすべての雑誌で精力的に執筆していた。

このように映画をめぐる言説が活況を呈していた背景には、シネクラブの増大という現象がある。一九五四年までに、フランスには二百ものシネクラブがあり、合わせて十万人以上の会員がいたという(22)。同じ『レクラン・フランセ』誌の寄稿者としてこの時期のバザンと親しく付き合っていたジャン゠シャルル・タケラ(一九二五―)――彼は一九五〇年代半ばから脚本家・監督に転じることになる――がまさに一九四五年から一九五〇年にかけてバザンの傍らで過ごした歳月を振り返った文章によれば、学校や工場などでほとんど毎日のように映画を紹介していたバザンは、各地のシネクラブからも引っ張りだこの講演者だったという(バザンはフランスだけでなく、時にはアルジェリアやモロッコにまで足を運んでいた)(23)。後述するように、バザン自身が設立に大いに関与した〈オブジェクティフ49〉は、数多あるシネクラブのなかでも最も名声を博したものと言えるだろう。

そして何よりも、ドイツ占領下の四年間に堰き止められていたハリウッド映画が、フランスのスクリーンにどっと押し寄せたことが、解放後の映画を取り巻く状況にかつてないほどの活力を与えた。一九四五年からのほんの数年間のうちに、たとえば、ウェルズの『市民ケーン』(一九四一)、『偉大なるアンバーソン家の人々』(一九四二)、『上海から来た女』(一九四七)、ウィリアム・ワイラーの『偽りの花園』(一九四一)、『ミニヴァー夫人』(一九四二)、『我等の生涯の最良の年』(一九四六)、ヒッチコックの『疑惑の影』(一九四三)、『断崖』(一九四一)、『汚名』(一九四六)が一挙に封切られたのだから――これらすべての作品について、バザンは封切り時に批評を書いている――、「新しいアメリカのスタイル」(後述のように、バザンが『レクラン・フランセ』に寄せた記事の副題)が当時の観客に強い印象を与えたであろうことは想像に難くない。しかも、この時期のスクリーンを賑わせたのはアメリカ映画ばかりではなく、とりわけイタリアのネオレアリズモが誰の目にも重要な動きとして認識されていた。一九四六年九月の第一回カンヌ映画祭でも上映されたロベルト・ロッセリーニの『無防備都市』(一九四五)や、同じロッセリーニの『戦火のかなた』(一九四六)、一九四八年のヴェネツィア映画祭で上映されたルキーノ・ヴィスコンティの『揺れる大地』(一九四八)、さらにはヴィットーリオ・デ・シーカの『靴みがき』(一九四六)や『自転車泥棒』(一九四八)——こうした作品群は、よく知られているように、この時期のバザンの思考にとっても、新しいアメリカ映画と並ぶもう一つの核を形作っていた。(24)

ウェルズの『市民ケーン』は、正式なフランス公開前から映画人の間で大いに話題になっていた作品だった。それというのも、一九四五年一月にアメリカ国務省が公式旅行に招待した八人のジャーナリストたちの一人としてニューヨークに赴いたジャン=ポール・サルトル(一九〇五—八〇)が、五月までのアメリカ滞在中にいち早く『市民ケーン』を見て、帰国後、創刊されたばかりの『レクラン・フランセ』誌の一九四五年八月一日号に、この作品をこっぴどく批判する文章を発表したからだ(本書に訳出)。一九四一年七月のアメリカ公開以来の国内における批評は総じて好意的なものであり、国外の批評においても(たとえば、ホルヘ・ルイス・ボルヘスの鋭利な批評など)、その傾向に変わりはなかった。(25)こうした状況を考慮に入れると、サルトルの『市民ケーン』評は、「おそらくかつて出版されたなかで最も否定的なもの」[26]と言っても過言ではないだろう。

　サルトルによる『市民ケーン』批判の要諦は、この作品が「小説《ロマン》」ではなく「過去形で書かれた物語《レシ》」にすぎない、という点にある。サルトルは、前者を「人生そのものをその時間性にいたるまで模倣する小説言説であり、現在時に進行する不可逆的で持続的な時間に依拠する」ものと考え、後者をあらかじめ「出来事の過去と未来を知って」いるような、「観念論に支配された物語言説」ととらえている。[27]こうした二項対立に沿って、『市民ケーン』は映画の「精髄」に適合しない「知的な再構成」にすぎないものとして断罪される。むしろ、「写実的《リアリスト》な素朴さがその最大の美点であるようなアメリカの古典的映画」こそ、観客が「登場人物と同じ時間を過ごす」ことを可能にするのだ。こうした評価の背景には、映画が大衆の芸術であるというサルトルの確信が垣間見えるように思われる。ウェルズの作品は「大衆から完全に切り離されているアメリカのインテリゲンチアの悲劇」の好例なのである。したがって、記事の末尾で、ウェルズの「芸術的文体」が、一九二〇年代のフランスにおける前衛的な映画作家たちのそれと比べられるとき、サルトルはその両者を批判していると解するべきだろう。

　『市民ケーン』は一九四六年七月三日にパリのマルブフ座で封切られる。初日の第一回上映を見たという後の映画監督アラン・レネ（一九二二―二〇一四）は、「映画館の中にはプロの映画監督たちが多勢い」て、この「あらゆる映画人の先入見をことごとく震撼させる映画」を目の当たりにして「みな完全に蒼くなって」いたと証言している。[28]しかし、およそ一年前に出たサルトルの否定的な批評の影響力は絶大で、たとえば共産党系の批評家ジョルジュ・

サドゥール（一九〇四―六七）がルイ・アラゴン率いる文芸誌『レ・レットル・フランセーズ』の一九四六年七月五日号に寄せた批評（本書に訳出）は、サルトルが『市民ケーン』の「芸術的文体」を批判したのに呼応するかのように、「無邪気で、血気盛んで、しかもぎこちない新人」の手によるこの作品が「四半世紀前にさかのぼる」「表現主義」の美学に基づくものであり、総じて「古くからある技法の百科事典」にほかならないことを批判する。後の『世界映画全史』の著者の面目躍如たる指摘と言うべきだろうか――ちなみに、その第一巻『映画の発明』は、ちょうど一九四六年に刊行されている。

もちろん、封切り時の批評は否定的なものばかりではなかった。『レクラン・フランセ』の一九四六年七月三日号に、サドゥールの旧友でもある映画批評家ロジェ・レーナルト（一九〇三―八五）が寄せた評（本書に訳出）は、この作品があらゆる面で「独創的でありたいと熱望」し、「しかもそれを達成している」ことを言祝いでいる。とりわけ、「活力にあふれ、驚異的なスピードをもったウェルズのスタイルには、「芸術的文体」の緩慢さや締まりのなさは皆無だ」と喝破し、サルトルを一刀両断にしている箇所など、短評ながら切れ味の鋭さが光っている。また、「奥行き」を用いた演出が「トラヴェリングやモンタージュ」を「不要なもの」とするという論点は、バザンがさらに発展させることになるだろう。

バザン自身も封切りに合わせて、日刊紙『ル・パリジャン・リベレ』に好意的な短評を寄せている。[29] ウェルズの簡単な紹介に引き続いて、バザンは、ヨーロッパの観客にとってはケーンのモデルがハーストであるということよりも、ウェルズの「技法面での大胆な試み」の方が驚きを与えるだろうと述べる。「映画全体が、撮影の面でも物語構成の面でも、諸々の既定の慣習を断固として無視しているようだ」。しかし、この短評ではその詳細に踏み込むことなく、「現代芸術のアヴァンギャルド的な現れに興味を持ち、商業映画の慰安的な慣習を何とかしてお払い箱にしたがっているあらゆる人々は、無関心ではいられないだろう」（強調引用者）と結ばれている。『市民ケーン』との最初の遭遇の時点で、「現代芸術のアヴァンギャルド」という視点が打ち出されていることは、とりわけ注目に値する。

バザンはおよそ一ヶ月半後、『レクラン・フランセ』の一九四六年八月二一日号に「映画は成年に達したか――新しいアメリカのスタイル」という文章を寄せる。[30] アメリカ映画は一九三六年頃までに「映画言語の完璧な明瞭さ」に行き着いてしまったため、それ以降、「決定的な停滞」を迎えていると思われているかもしれないが、それはとんでもない間違いだ。それは「少なくとも五、六人の演出家が、それぞれのやり方で、みずからに固有のスタイルで、躊躇なく乗り越えた一段階」にすぎない。『疑惑の影』のアルフレッド・ヒッチコック、『町の人気者』（一九四三）のクラレンス・ブラウン、『七月のクリスマス』（一九四〇）のプレストン・スタージェス、『偽りの花園』のウィリアム・ワイラーといった監督たちは皆、アメリカ映画が培ってきた「表現技法」を自家薬籠中のものとしたうえで、みずからのスタイルを打ち立てているのだ。バザンがあえてこの記事では取り上げなかったというウェルズの『市民ケーン』が、こうした「新しいアメリカのスタイル」の一環をなすものとしてとらえられていたことには留意すべきだろう。

バザンがウェルズのスタイルをより具体的に分析し始めるのは、『市民ケーン』の公開から約四ヶ月後、一九四六年一一月一五日にウェルズの第二作『偉大なるアンバーソン家の人々』が封切られた際に『レクラン・フランセ』に寄せた批評においてである。[31]「オーソン・ウェルズは間違いなく、世界のスクリーンで、作家という名に値する五、六人の作家の一人である」と高らかに宣言することから文章を始めるバザンは、幼年期のテーマと雪との関連、自伝的な側面、社会的なコンテクストの役割といった一九五〇年版『オーソン・ウェルズ』でも触れられる話題をひとしきり展開した後、「この映画の最も独創的な力は、今日では廃れてしまった映画的諸手段を、物語の真の革命という目的のために使用している点にある」と主張する。その「諸手段」とは、具体的には「奥行きの深い画面」であり、「目が眩むほどの長さの固定ショットの使用」であるのだが、より興味深いのは、それらの「技法」がウェルズの「リアリズムへの配慮」、「物語の素材《マチエール》たる現実を提示するやり方」に対応するものとされている点だ。バザンによれば、ウェルズは伝統的なデクパージュに頼らずに、「物語の塊のようなものを私たちに対して完全なかたちで復元」しようとしており、その原則こそが、物語を年代順に配列しているかどうかとは関わりなく、『市民ケーン』と『偉大なるアンバーソン家の人々』に共通しているものなのだ。[32]

このようにして徐々に育まれてきたバザンのウェルズ論は、翌一九四七年、サルトルとシモーヌ・ド・ボーヴォワールの雑誌『レ・タン・モデルヌ』(一九四五年一〇月創刊)の二月号に掲載された「『市民ケーン』の技法」(本書に訳出)でひとまず決定的な形を取ることになる。サドゥールとサルトルの

『市民ケーン』評への反論で幕を開けるこの文章で、バザンはスーザンの自殺未遂のシーンを題材に初めて詳細なシーン分析を行い、奥行きの深い画面による演出と古典的なデクパージュによる演出の差異を具体的な仕方で明確にしている。ウェルズの特異な演出は、『アンバーソン家』評の要点を引き継いで「全面的なリアリズム」と名付けられる。この論点は一九五〇年版『オーソン・ウェルズ』でも取り上げられ、さらに「存在論的なリアリズム」と言い換えられている（本書八四頁）。他方、『市民ケーン』の「美学」を象徴するものとしての「ジグソーパズルというライトモチーフ」や、「映画は成年に達したか」でも用いられていた「万年筆」の譬喩など、書籍版では繰り返されない論点も興味深い(33)。ともあれ、バザンは、『市民ケーン』公開から約半年後に書かれたこの長文の記事で、ウェルズをめぐるこれまでの自分自身のさまざまな着想を集大成し、みずからを論争的なコンテクストの中にはっきりと位置づけたのである。

ここで、バザンのウェルズ論のキーワードになっている「奥行きの深い画面」（profondeur de champ）という用語について補足しておこう。文字通りにはレンズの「被写界深度」を意味するこの言葉は「ディープ・フォーカス」や「パンフォーカス」と訳されることも多いが、より正確には、単なる技術的な用語ではなく、「奥行きを利用した演出」——その場合、必ずしも前景と後景の両方に焦点が合っていなくてもよい——という美学的な意味合いをも包含しているとみるべきだろう。バザンがこの用語を使用するときには、両者の意味が分かちがたく結びついているが、理論的には「イメージの深さと鮮明さとは必ずしも同じものではない」ことに留意する必要がある。[34] また、「奥行きの深い画面」は、バザンの映画論全体にあって、ウェルズ論だけにとどまらない重要性を持っている。一九四八年に『ラ・ルヴュ・デュ・シネマ』誌に書かれた長文のワイラー論では、「奥行きの深い画面」を用いた彼の演出が、ウェルズによる使用法と対比させつつ論じられているし、バザンの代表的な論考のひとつと言ってよい「映画言語の進化」（一九五〇年代に書かれた三本の文章からなる）にも、ウェルズ論で展開されるいくつもの論点が谺しているのが見て取れるだろう。[35]

さて、しばらくすると、古参の批評家ジャン・ミトリ（一九〇四―八八）が「新たなエルナニの戦い、あるいは第二の新旧論争」と形容する批評的な応酬の火蓋が切られる。[36] とりわけ、ジャック・プレヴェールとともにマルセル・カルネの『悪魔が夜来る』（一九四二）やジャン・グレミヨンの『高原の情熱』（一九四三）の脚本を手がけたピエール・ラロッシュ（一九〇二―六二）が、『レクラン・フランセ』の一九四八年一月六日号に発表した反ウェルズの論評は苛烈きわまりない。[37] ラロッシュは、直接バザンを名指すことなく、「一人の新しい丸ぽちゃの神童が映画を再発明しつつあるということを、この世で一番真剣に説明してくれる素晴らしい研究」を引き合いに出しながら、『市民ケーン』は「後ろへの大きな一歩、二十年遡るような一歩」を踏み出していると主張し、ウェルズは『偉大なるアンバーソン家の人々』で「固定ショットを発明したばかりなのだ！」と揶揄し、前年末に封切られたばかりの『上海から来た女』は「実にくだらないもの」であると断罪する。一九五〇年代に諷刺色の強い週刊紙『ル・カナール・アンシェネ』の映画欄を担当することになるのも肯けるような、皮肉の効いた筆致による全面的な（とはいえ、いささか浅薄な）攻撃である。

以降、バザンはラロッシュをはじめとする旧世代の「敵」たちを説得するかのように、みずからのウェルズ論をさらに練り上げていく。同じ『レクラン・フランセ』の一九四八年一月二〇日号でラロッシュにただちに反論した小文「私はオーソン・ウェルズを擁護する」[38]では、アラゴンがユゴーのように書いていると言えば称賛になるのに、若い映画作家がシュトロハイムやフイヤードの影響を受けていることはペテンとされてしまうという構図自体が嘆かわしいと訴え、再度、ウェルズの演出が「諸々の表現手段における新たな総合」に至っていることを主張する。同年五月の『シネクラブ』七号に寄せた長文の記事「オーソン・ウェルズの貢献」でも、ウェルズが作り出す「映画言語の新たな構造」が、古典的デクパージュとの差異において、雄弁に論じられている[39]。

一九四八年の八月一九日から九月四日にかけて開催されたヴェネツィア映画祭は、他の映画祭にもまして、バザンにとって印象深いものになったに違いない。というのも、本書の序文でコクトー（一八八九―一九六三）が語っているように、この映画祭ではウェルズの『マクベス』とコクトーの『恐るべき親達』が上映されたからだ。バザンはこの機会に、タケラを介してすでにパリで知り合っていたウェルズと懇談し、その内容をタケラと共同で「オーソン・ウェルズの秘密」という記事にする[40]。タケラによれば、バザンはちょうどその頃からウェルズ論の書籍化を検討していたという。他方、自身の同名戯曲をみずから映画化した『恐るべき親達』は「演劇と映画」というバザンにとっての新たな問題系を拓くことになった。だが、より重要なのは、再びタケラによればこの二人との出会いが決定打となって、コクトーを名誉会長とするシネクラブ〈オブジェクティフ49〉が作られるという流れである。

コクトー、ロベール・ブレッソン、レーナルトを庇護者に据えて一九四八年秋に設立された〈オブジェクティフ49〉は、とりわけその主導者の一人であったバザンにとって、単に評価の定まった過去の名作を上映する場ではなく、同時代の映画における「新しいアヴァンギャルド」を見定めようとする場だった。バザンが『レクラン・フランセ』の一九四八年一二月二一日号に寄稿し、このシネクラブのマニフェストと目された記事によれば、一九二〇年代のアヴァンギャルドは「映画の大衆的な使命」を見誤った。その結果、たとえば『アンダルシアの犬』はいまや『散り行く花』よりも古びてしまっている。むしろ、「実際に前を歩いているもの」という語の本来の意味におけるアヴァンギャルド、「大衆が後に馴染むようになる大胆な試み」をこそ擁護しなければならない。バザンはそのような観点から、アメリカ映画に関してはウェルズ、ワイラー、プレストン・スタージェスを「新しいアヴァンギャルド」として称揚するのである（ちなみに、ジョン・フォードはワイラーよりも、フランク・キャプラはスタージェスよりも「偉大」ではあるが、彼らは「完全に征服された領土」を活用しているだけだとされている）[41]。先述のように、『市民ケーン』封切り時の評に書き付けられていた「アヴァンギャルド」の一語は、こうしてバザンのこの時期の活動を総括するようなひとまわり大きな語彙となって回帰するのである。

一九四八年一二月一日の『恐るべき親達』の上映

で幕を開ける〈オブジェクティフ49〉の方針は、敵対者からのさらなる攻撃を招く。とりわけ、サドゥールに近い立場の映画監督ルイ・ダカン(一九〇八―八〇)が、バザンやアストリュックらを、「主題」や「内容」を省みずに「形式」や「スタイル」にだけ拘るエリート主義者であるとして、「資本主義体制における映画の創作の真の諸問題」を回避し、「無意識的に大衆の大いなる覚醒を妨害している」と断罪したことには、バザンはずいぶん傷ついたようだ。[42]「形式と内容」の問題系は、ほぼ同時期から一九五〇年代半ばにかけて、特にヒッチコックに即して盛んに論じられることになるだろう。ウェルズと「新しいアヴァンギャルド」をめぐる論争は、より激烈なヒッチコック論争の前哨戦なのである。[43]

〈オブジェクティフ49〉の活動は、一九四九年七月二九日から八月五日にかけてフランス南西部のビアリッツで開催された伝説的な「呪われた映画祭」で頂点に達する。名誉委員会に名を連ねていたウェルズは『オセロ』の撮影のため参加できなかったものの、タケラによれば、バザンはこの夏の間にウェルズ本を脱稿し、映画祭で会長を務めたコクトーも八月に序文を書き上げた。こうして『市民ケーン』の封切りに始まる一つの円環が閉じられることになるが、同時に、この映画祭は新たな出発点でもあった。というのも、一九四九年のビアリッツは、一九五〇年代以降の批評活動や短篇映画製作で頭角を現す若者たち——とりわけ、エリック・ロメール(一九二〇―二〇一〇)、フランソワ・トリュフォー(一九三二―八四)、シャルル・ビッチ(一九三一―)、ジャン・ドゥーシェ(一九二九―)、クリス・マルケル(一九二一―二〇一二)ら——が一堂に会する場でもあったからだ。[44]旧世代と闘いながら若きバザンが切り開いた道は、時にはそのバザンさえなだめ役に回らなければならないほど過激な主張を繰り返したトリュフォーを先鋒として、一九五〇年代末のヌーヴェル・ヴァーグの開花へと一直線につながっていくのである。

先にも触れたルネ・ジャンヌによる同時代の書評は、バザンは本書で「花火を打ち上げることなく、冷徹なまでの明晰さで、［ウェルズという人物の］論理的分析を進めている」と指摘している。だが、今日の読者の目には、本書はむしろ、バザンが旧世代の批評家たちと繰り広げた熱戦の痕跡が垣間見られる論争的な書物と映るはずだ。その意味で、本書はひとまず、これまで概観してきたような戦後の映画批評のコンテクストに照らして読まれることを要請していると言える。とはいえ、バザンはとりわけ本書の過半を占めている「4 主題の深さから画面の深さへ」では、確かに「冷徹なまでの明晰さ」で、古典的デクパージュによる演出を転覆させるウェルズの新しいリアリズムを解剖している。そのようなウェルズ読解が、バザンの理論構築全体にとってかけがえのない重要性を持っていることは改めて指摘するまでもない。したがって、本書は単に論争的な書物であるだけでなく、バザンの「理論」――そのようなものが想定できるとして――の礎を成すものでもある。だが、ウェルズを「リアリズム」の観点からとらえようとするバザンの読解は、『市民ケーン』と『偉大なるアンバーソン家の人々』にはある程度まで当てはまるとしても、『上海から来た女』以降、『フェイク』（一九七三）に至るその後のウェルズの作品群と照らし合わせるとき、果たしてどれほどの妥当性を持っているのだろうか。バザンの「リアリズム」概念を再検討しつつ、この根本的な疑問に答えることは、今後の大きな課題のひとつとなるだろう。

*

二〇一五年はオーソン・ウェルズ（一九一五―八五）の生誕百周年である。それに合わせてバザンのウェルズ論を訳出してはどうかという魅力的な提案を旧知の編集者から受けたのは、昨秋、ゴダールの『さらば、愛の言葉よ』（二〇一四）の試写会場でのことだったと記憶している。その時点では知る由もなかったのだが、二〇一五年は、日本では期せずして、『映画とは何か』のすぐれた新訳（註4を参照）に引き続き、その訳者の一人でもある野崎歓氏による『アンドレ・バザン――映画を信じた男』（春風社、二〇一五年）が刊行されるなど、バザン関係の出版物が相次ぐ年ともなった。他ならぬこの「驚異の年《アヌス・ミラビリス》」にバザンの最初の本の翻訳を付け加えることができて、訳者として大変嬉しく思っている。

野崎氏の著書の一部は一九九〇年代後半に書かれた一連のバザン論に基づいているが、この先駆的な仕事がなかったら、本書は構想されることさえなかったかもしれない。『映画とは何か』に収められたいくつかの文章だけに基づいた通り一遍のバザン理解を乗り越えるべく、『レクラン・フランセ』を中心に単行本未収録の多数の論考をいち早く掘り起こして、バザンの思考の生成過程を丁寧に跡づけるという野崎氏の仕事は、世界的に見ても、バザンを時代遅れの理論家として片付けるのではなく、バザンに対していわば「歴史家」のまなざしを注ぐという潮流の最初期の成果である――コリン・マッケイブらが最初にバザン全集を企画したのも一九九〇年代のことだった。特に第一章「解放されたスクリーン」はまさにウェルズ論争を主題にしており、本解説の後半部分は、野崎氏がすでに二十年前に行っていたことを、多少なりともより詳細に辿り直したものにすぎない。また、本書に「資料」として訳出した文献を選択する際にも、野崎氏の論考が貴重な導きの糸となった。

さらに言えば、訳者がそもそもヌーヴェル・ヴァーグ前夜の映画文化に関心を抱いたのは、山田宏一氏のトリュフォーをめぐる一連の著述がきっかけだった。とりわけ、一九九一年に刊行された『トリュフォー、ある映画的人生』(その後、一九九四年に出た増補新版がさらに加筆されて、二〇〇二年に平凡社ライブラリーに入っている)は、トリュフォーが『大人は判ってくれない』(一九五九)で長篇デビューするまでの人生の歩みを、その背景をなす映画批評の世界を活写しつつ辿っており、『市民ケーン』公開からビアリッツでの「呪われた映画祭」開催までの流れも十分に記述されているので、ぜひ合わせて読んでいただきたいと思う。

本書に収めた二〇点の図版は、すべて原著に掲載されているものである。ただし、原著では八頁ずつ二箇所に分けられたアルバムページが設けられているところを、本書では六頁に凝縮した。キャプションは十中八九、バザンの手によるものと思われる。バザン自身が撮影した『オセロ』撮影中のウェルズの姿は、ことのほか貴重なものと言えよう。また、本書の扉に載せたコクトーによるウェルズの似顔絵も、原著から取ったものである。

コクトーによる序文には既訳があり(『映画について』、梁木靖弘訳、フィルムアート社、一九八一年、九〇—九七頁)、翻訳に際して参照させていただいた。

バザンによる本文の訳出にあたっては、ローゼンバウムによる一九七二年版の英訳（註13を参照）、エレーナ・ダグラーダによるイタリア語訳（註16を参照）を参照した。「資料」として訳出した四篇の記事のうち、サルトルとバザンについては英訳が存在し(45)、それぞれ参考にした。また、いくつかの箇所のフランス語の解釈については、いつもながら同僚の友谷知己氏にご教示を得た。記して感謝したい。末筆ながら、『映画とは何か』の新訳と並んで、この小著がバザンに対する読者諸賢の関心をさらに高めるきっかけになれば、訳者にとってはそれ以上の喜びはない。バザンはまだ十分に読まれているとは言えないのだから。

二〇一五年一一月

アンドレ・バザンの命日に

（1） Hervé Joubert-Laurencin, « Bazin no kamikakushi (la disparition Bazin) », *1895 Revue d'histoire du cinéma*, n° 67, été 2012, p. 105. なお、ジュベール＝ローランサンとダドリー・アンドリューは、バザンの全記事の書誌情報を集めたデータベースBAZ-IN（http://baz-in.com/）を公開している。

（2） そのうち第一巻「存在論と言語」は、バザンの死の直後に出版された。『映画とは何か』を構成する四巻のそれぞれにどのテーマを割り振るかということは、バザン自身が構想していた（第一巻の序文に明記されている）。だが、おそらく具体的なテクストの選定はなされなかったものと思われる。第二巻「映画と他の諸芸術」、第三巻「映画と社会学」はトリュフォーの手によってそれぞれ一九五九年と一九六〇年に編まれ、少し遅れて一九六二年に最終巻「現実の美学、ネオレアリスム」がジャック・リヴェットの編纂で刊行された。

（3） 小海永二の翻訳により、原書の第三巻（一九六七年）、第一巻（一九七〇年）、第四巻（一九七三年）、第二巻（一九七六年）の順番で、美術出版社から全四巻が完訳された。

（4）　二〇一五年に岩波文庫の上下巻で新訳された『映画とは何か』（野崎歓・大原宣久・谷本道昭訳）の底本も、この一巻本である。

（5）　André Bazin, *Jean Renoir*, avant-propos de Jean Renoir, présentation de François Truffaut, Champ Libre, 1971; André Bazin, *Orson Welles*, préface d'André S. Labarthe, Editions du Cerf, 1972. 前者にはすぐれた邦訳がある（『ジャン・ルノワール』、奥村昭夫訳、フィルムアート社、一九八〇年）。

（6）　André Bazin, *Charlie Chaplin*, préface de François Truffaut, Editions du Cerf, 1972.

（7）　André Bazin, *Le Cinéma de la cruauté : Erich von Stroheim, Carl Th. Dreyer, Preston Sturges, Luis Bunuel, Alfred Hitchcock, Akira Kurosawa*, préface de François Truffaut, Flammarion, 1975; André Bazin, *Le Cinéma de l'occupation et de la résistance*, préface de François Truffaut, Union Générale d'Edition, 10/18, 1975. 前者には邦訳がある（『残酷の映画の源流』、佐藤東洋麿・西村幸子訳、新樹社、二〇〇三年）。

（8）　André Bazin, *Le Cinéma français de la Libération à la Nouvelle Vague (1945–1958)*, préface de Jean Narboni, Editions de l'Etoile/Cahiers du cinéma, 1983.

（9）　André Bazin, *André Bazin's New Media*, edited and translated by Dudley Andrew, University of California Press, 2014. なお、英語圏では、一九六七年と一九七一年に刊行された『映画とは何か』のヒュー・グレイによる抄訳（二巻本に合計二六篇が収められている）が長らく読まれていたが、二〇〇九年には、それとは別の選択と方針に基づき、時には初出誌を底本とし、全体的に詳細な註釈を伴った一三篇の論考の新訳がティモシー・バーナードによってなされている（André Bazin, *What is Cinema?*, translated by Timothy Barnard, Caboose, 2009）。また、『映画とは何か』に収録されていないものを多く含んだ英語版独自のアンソロジーも数冊刊行されている（André Bazin, *Bazin at Work: Major Essays & Reviews from the Forties and Fifties*, translated by Alain Piette and Bert Cardullo, edited by Bert Cardullo, Routledge, 1997 など）。

（10）　René Jeanne, « Bibliothèque du cinéma », in *Almanach du théâtre et du cinéma 1951*, Editions de Flore et La gazette des lettres, 1950, p. 189.

（11）　ちなみに、前年末に出た「進行中の映画」の第一巻は、バザンより五歳年長の『レクラン・フランセ』誌の批評家ジャン・クヴァルの処女作で、ジャック・ベッケル監督の『七月のランデヴー』の撮影ルポルタージュだった。小説家のレーモン・クノーが序文を寄せ、やはり二人の「共著」として刊行されている（Raymond Queneau et Jean Queval, *Rendez-vous de juillet*, Editions Chavane, 1949）。

（12）　一九七二年版にはさらに、バザンが聞き手に加わっている二本のウェルズへのインタヴュー（初出は、『カイエ・デュ・シネマ』誌の八四号と八七号）と、バザンの生前最後の仕事のひとつであるウェルズの詳細な作品リスト（ジャック・ドニオル＝ヴァルクローズとの共同作業として、同誌の八七号に掲載されたもの）が含まれている。八七号に掲載された方のインタヴューには邦訳がある（奥村昭夫訳、『作家主義』所収、リブロポート、一九八五年、三一五―三八〇頁）。

（13）　André Bazin, *Orson Welles: A Critical View*, translated by Jonathan Rosenbaum, Harper & Row, 1978. この英訳版は、一九五〇年版からコクトーによる序文を収録する一方で（翻訳はイギリスの作家ギルバート・アデアによる）、一九七二年版のラバルトによる序文、ウェルズへのインタヴュー、作品リストは割愛している。

（14）　このトリュフォーの序文には邦訳がある（山田博志訳、『シネアスト2　オーソン・ウェルズ』、青土社、一九八五年、三八―六二頁）。なお、トリュフォーによれば、アメリカの出版社を見つけてきたのは彼自身だった。そこには、バザンの仕事を英語圏の読者に広めるという意図だけでなく、ドキュメンタリー・シリーズ『われらの時代の映画作家』が打ち切られて困窮に陥っていたジャニーヌ・バザンを援助するという実際的な目的もあったようである。アメリカの出版社は、トリュフォー自身が序文を書くことを条件に、出版に合意したという。（一九七六年一一月九日、および一一月二九日付のローゼンバウム宛て書簡による。François Truffaut, *Correspondance*, FOMA, 5 continents, 1988, p. 520, 524）。

（15）　André Bazin, *Orson Welles*, Cahiers du cinéma, coll. « Petite bibliothèque des Cahiers du cinéma », 1998. なお、『チャーリー・チャップリン』と『解放からヌーヴェル・ヴァーグまでのフランス映画』も同じ文庫に入っており、容易に入手できる。

（16） 各国語への翻訳のうち、スペイン語版（一九七三年、および二〇〇二年）、ドイツ語版（一九八〇年）、イタリア語版（一九八〇年、および二〇〇〇年）、韓国語版（一九九六年）、ポルトガル語版（ブラジル、二〇〇六年）は、いずれも一九七二年版の翻訳である。ただし、二〇〇〇年のイタリア語版の訳者エレーナ・ダグラーダは、二〇〇五年に、一九七二年版に加えて一九五〇年版も収録した新版を上梓しており（André Bazin, *Orson Welles*, a cura di Elena Dagrada, Editrice TEMI, 2005）、管見の限り、これが一九五〇年版のこれまで唯一の翻訳である（なお、一九五〇年版の英訳は、モントリオールの出版社カブースより、ティモシー・バーナードの翻訳で遠からず刊行されることになっている）。

（17） André Bazin, « Orson Welles chez les Jivaros », *Cahiers du cinéma*, n° 88, octobre 1958, p. 57–61.

（18） Jonathan Rosenbaum, *Discovering Orson Welles*, University of California Press, 2007, p. 64.

（19） ロメールとジャン＝リュック・ゴダールが熱狂した『アーカディン氏』を、バザンはそもそもあまり高く評価していなかったふしがある。一九五六年のベストテンで、ロメールとゴダールはこの作品を一位に挙げているが、バザンは圏外としているからだ（« Les dix meilleurs films de l'année », *Cahiers du cinéma*, n° 67, janvier 1957, p. 2–3）。なお、バザンが引用しているロメールの『アーカディン氏』論は、彼の映画論集『美の味わい』に収録されている（梅本洋一・武田潔訳、勁草書房、一九八八年、一七六—一八一頁）。

（20） 本書では、一九七二年版に再利用されている箇所を、本文右肩にて▼と▲マークで囲むことで指し示した（具体的には、三三—三七頁、四六—四七頁、五九—六二頁、六四—六八頁、七〇—七二頁、七二—七六頁、八二—八三頁、八四—八八頁、八五頁註に該当箇所がある）。

（21） バーバラ・リーミング『オーソン・ウェルズ偽自伝』、宮本高晴訳、文藝春秋、一九九一年。

（22） David Bordwell, *On the History of Film Style*, Harvard University Press, 1997, p. 47.

（23） Jean-Charles Tacchella, « Le temps des luttes, ou l'itinéraire d'André Bazin, de 1945 à 1950 », in Dudley Andrew, *André Bazin*, traduit par Serge Grünberg, Editions de l'Etoile, 1983, p. 220. 以下、本文中のタケラへの参照はすべてこの文章による。

（24） バザンの二冊目の著書は、イタリアのパルマの出版社から、「映画の小さな本棚」シリーズの第三巻として一九五三年にイタリア語で刊行された『ヴィットーリオ・デ・シーカ』である（André Bazin, *Vittorio De Sica*, Guanda, 1953）。ただし、本文七八頁のうち、バザンの書いた「演出家デ・シーカ」は二三頁を占めているにすぎず、ジャンフランコ・カルデローニによるフィルモグラフィなどの資料の方が分量は多い。バザンの文章は、のちに『映画とは何か』の第四巻に、「『ウンベルトD』についてのノート」と合わせて収録された（邦訳では『映画とは何か（下）』、岩波文庫、二〇一五年、一六八―二〇三頁に収められている）。

（25） 『市民ケーン』の同時代における批評的な受容とその後の研究史については、Ronald Gottesman (ed.), *Perspectives on* Citizen Kane, G. K. Hall & Co., 1996 の編者による序文が有用である。ボルヘスは一九四一年の評で、『市民ケーン』が「一人の男の内的自己の調査」を主題としながら、究極的にはケーンが何者でもない影のような存在にすぎないことを示すことで、この上なくおぞましい「中心なき迷路」を構成していると主張する。サルトルの結論とは反対に、ボルヘスによれば、『市民ケーン』は「知的なのではなく、この悪しき語の最も陰鬱で、最もゲルマン的な意味において天才の作品である」（Jorge Luis Borges, *Selected Non-Fictions*, edited by Eliot Weinberger, Penguin, 2000, p. 258–259）。

（26） Gottesman, *op. cit.*, p. 8.

（27） 森田秀二「サルトルと映画の詩学――ロマン／vs／レシ」、石崎晴己・澤田直編『サルトル 21世紀の思想家』、思潮社、二〇〇七年、二〇六頁。

（28） アラン・レネ、リチャード・ラウド（インタヴュアー）「映像と言語――フィヤードからロブ＝グリエまで」、山田宏一・佐藤東洋麿訳、『海』一九七一年八月号、一一八―一一九頁。ただし、ここでは封切りの年が誤って一九四八年とされている。
(29) André Bazin, « Film à voir : *Citizen Kane* », *Le Parisien libéré*, n° 588, 5 juillet 1946, p. 2.
(30) André Bazin, « Le cinéma est-il majeur? : le nouveau style américain », *L'Ecran français*, 21 août 1946, p. 5 et 12.
(31) André Bazin, « *La Splendeur des Ambersons*, un drame de l'orgueil : toujours Orson Welles », *L'Ecran français*, 19 novembre 1946, p. 7.
(32) なお、本書では『偉大なるアンバーソン家の人々』の撮影監督が、スタンリー・コルテズではなく誤ってグレッグ・トーランドとされているが(六一―六二頁を参照)、この評では次のように指摘されている。「撮影技師がグレッグ・トーランドではないことに注意しよう。それは『ケーン』と『アンバーソン家』のスタイルの連続性が、まるまる演出家に帰せられるべきものであることを十分に示している」。
(33) とりわけ、「万年筆」の譬喩は、バザンとともに映画批評の新時代を切り開いていたアレクサンドル・アストリュック(一九二三―)の有名な「カメラ=万年筆」論(Alexandre Astruc, « Naissance d'une nouvelle avant-garde : la caméra-stylo », *L'Ecran français*, 30 mars 1948, p. 5)とも呼応している。アストリュックの論考は「新しいアヴァンギャルドの誕生――カメラ万年筆」と題され、ウェルズ作品をはじめルノワールの『ゲームの規則』やブレッソンの『ブーローニュの森の貴婦人たち』などが代表する「映画の新時代」を「アヴァンギャルド」という観点からとらえる視点を鮮明にしている。後述のようにバザンが一連の「アヴァンギャルド」論を展開する背景には、アストリュックの影響があったように思われる。
(34) 岩城覚久「ディープ・フォーカスとイメージの深さ――ドゥルーズ『シネマ』の奥行き論への一考察」、『人文論究』(関西学院大学)、第五六巻第三号、二〇〇六年、九四頁。この用語については、Bordwell, *op. cit.*, p. 56も参照のこと。
(35) 「ウイリアム・ワイラー、または演出のジャンセニスト」、『映画とは何かII』(美術出版社)、二〇三―二三八頁、および「映画言語の進化」、『映画とは何か

（上）』（岩波文庫）、一〇三―一三五頁を参照。

（36） Jean Mitry, « Orson Welles et le "jeu en profondeur" », *Ciné-Club*, n°7, mai 1948, p. 6. ミトリ自身は中立の立場を標榜しながら、ウェルズの「深さにおける演技」は確かに「既知の手法の完全な刷新」ではあるものの、「バザンやレーナルトが主張するほど完全で甚だしい転覆をもたらす」ものとは思えない、と主張している。

（37） Pierre Laroche, « Sur un enfant prodige, Orson Welles », *L'Écran français*, 6 janvier 1948, p. 3.

（38） André Bazin, « Je plaide pour Orson Welles », *L'Écran français*, 20 janvier 1948, p. 2.

（39） André Bazin, « L'Apport d'Orson Welles », *Ciné-Club*, n°7, mai 1948, p. 1 et 5. この記事の主要部分は、多少の異同を伴いながら、本書の七九―八六頁に再利用されている。なお、この記事と前註の記事の抜粋は、モーリス・ベッシイ『現代のシネマ9 オーソン・ウェルズ』（竹内健訳、三一書房、一九七六年）に収録されている（一九三―一九九頁）。

（40） André Bazin et Jean-Charles Tacchella, « Les secrets d'Orson Welles », interview exclusive, *L'Écran français*, 21 septembre 1948, p. 3–4.

（41） André Bazin, « Défense de l'avant-garde », *L'Écran français*, 21 décembre 1948, p. 2. なお、アメリカ映画以外では、ルノワール、ブレッソン、『最後の休暇』のレーナルト、『戦火のかなた』のロッセリーニ、『揺れる大地』のヴィスコンティの名前が挙げられている。バザンの「アヴァンギャルド」についての見解は、以下でより詳しく展開されている。André Bazin, « A la recherche d'une nouvelle avant-garde », in *Almanach du théâtre et du cinéma 1950*, Editions de Flore et La gazette des lettres, 1949, p. 146–152.

（42） Louis Daquin, « ... Remarques déplacées ... », *L'Écran français*, 8 mars 1949, p. 3.

（43） タケラは「エスタブリッシュされた批評家たち、すでにオーソン・ウェルズを受け入れなかった批評家たちの目には、ヒッチコックを擁護することは犯罪だった！」と述べている。ヒッチコックをめぐる論争の重要な成果の一つとして、一九五七年にエリック・ロメールとクロード・シャブロルが刊行した『ヒッチコック』

（木村建哉・小河原あや訳、インスクリプト、二〇一五年）が挙げられる。訳者の小河原あやによる付論「ヒッチコック、新たな波――ロメール&シャブロル『ヒッチコック』の成立状況とその影響」も、一九五〇年代フランスの映画批評の一局面を理解するにあたって非常に有用である。

（44）〈オブジェクティフ49〉の活動と「呪われた映画祭」については、Frédéric Gimello-Mesplomb, *Objectif 49 : Cocteau et la nouvelle avant-garde*, Séguier, 2013 に詳しい。なお、しばしば誤解されているが、ジャック・リヴェット、クロード・シャブロル、ジャン＝リュック・ゴダールは一九四九年の映画祭には参加していない。

（45） Jean-Paul Sartre, "*Citizen Kane*," translated by Dana Polan, *Post Script* 7, 1987, p. 60–65 ; André Bazin, "The Technique of *Citizen Kane*," translated by Alain Piette and Bert Cardullo, in Gottesman, *op. cit.*, p. 229–237.

ホルト、ティム Tim Holt ……… 35, 53
マティス、アンリ Henri Matisse ……… 10
マルロー、アンドレ André Malraux ……… 147
ミケランジェロ Michelangelo ……… 25, 27
ムーアヘッド、アグネス Agnes Moorehead ……… 52–53, 60
ムッソリーニ、ベニート Benito Mussolini ……… 105
メリエス、ジョルジュ Georges Méliès ……… 40, 86, 120, 133
モーリオン、フェリックス Félix Morlion ……… 48n
モンテーニュ、ミシェル・ド Michel de Montaigne ……… 57
モンテスパン Madame de Montespan ……… 119
ユゴー、ヴィクトル Victor Hugo ……… 38
ラ・ヴァリエール侯爵夫人 Louise de La Vallière ……… 119
ラング、フリッツ Fritz Lang ……… 120
リュミエール、ルイ Louis Lumière ……… 120, 133
ルイ十四世 Louis XIV ……… 9, 36, 119
ルノワール、ジャン Jean Renoir ……… 53, 77, 88, 97
レーナルト、ロジェ Roger Leenhardt ……… 27n, 137, 138
レオナルド・ダ・ヴィンチ Leonardo da Vinci ……… 25, 27
レルビエ、マルセル Marcel L'Herbier ……… 114
ワイラー、ウィリアム William Wyler ……… 63, 88, 146
ワイルダー、ビリー Billy Wilder ……… 88

III｜映画以外の作品名

恐るべき子供たち Les Enfants terribles（小説、ジャン・コクトー、1929）……… 36
ジュリアス・シーザー Julius Caesar（演劇、シェイクスピア作／ウェルズ演出、1937）……… 13, 105
千夜一夜物語 ……… 118
八十日間世界一周 Around the World in 80 Days（演劇、ジュール・ヴェルヌ作／ウェルズ演出、1946）……… 13
ビッグ・マネー The Big Money（小説、ジョン・ドス・パソス、1936）……… 136
北緯四十二度線 The 42nd Parallel（小説、ジョン・ドス・パソス、1930）……… 136
マクベス Macbeth（演劇、シェイクスピア作／ウェルズ演出、1936）……… 5, 125

ジッド、アンドレ André Gide 57, 136, 146
ジャリ、アルフレッド Alfred Jarry 117
シュトロハイム、エリッヒ・フォン Erich von Stroheim
.... 22, 28, 38, 53, 88, 97, 123, 130
ジョイス、ジェイムズ James Joyce 146
スタージェス、プレストン Preston Sturges 88, 146
ゼッカ、フェルディナン Ferdinand Zecca 86
ダリ、サルバドール Salvador Dalí 38
チャップリン、チャーリー Charlie Chaplin 28, 40, 53, 97
デイヴィス、マリオン Marion Davies 128
ティントレット Tintoretto 112
デュラック、ジェルメーヌ Germaine Dulac 114
デリュック、ルイ Louis Delluc 114
トーランド、グレッグ Gregg Toland 58, 61–64, 120, 128, 133
ドストエフスキー、フョードル Fyodor Dostoyevsky 146
ドス・パソス、ジョン John Dos Passos 68, 86, 136, 147
ドミトリク、エドワード Edward Dmytryk 88
ドライヤー、カール・テオドア Carl Theodor Dreyer 67n
ドラノワ、ジャン Jean Delannoy 114
ハースト、ウィリアム・ランドルフ William Randolph Hearst
.... 17, 104, 107–109, 111–112, 118, 122, 127
バクスター、アン Anne Baxter 53
バザン、アンドレ André Bazin 13, 95
バルザック、オノレ・ド Honoré de Balzac 9, 146
ピカソ、パブロ Pablo Picasso 10, 18
ヒッチコック、アルフレッド Alfred Hitchcock 121
ヒトラー、アドルフ Adolf Hitler 69
ファゲ、エミール Emile Faguet 108
フイヤード、ルイ Louis Feuillade 86
フォークナー、ウィリアム William Faulkner 86
フォード、ジョン John Ford 22, 86, 120
プレミンジャー、オットー Otto Preminger 89
フロイト、ジークムント Sigmund Freud 38, 46
フローベール、ギュスターヴ Gustave Flaubert 136
ヘイワース、リタ Rita Hayworth 42–44, 93
ヘミングウェイ、アーネスト Ernest Hemingway 147
ポー、エドガー・アラン Edgar Allan Poe 38
ボードレール、シャルル Charles Baudelaire 38

果てなき航路 The Long Voyage Home（ジョン・フォード、1940） 120
ハムレット Hamlet（ローレンス・オリヴィエ、1948） 46
マリー・マルティーヌ Marie Martine（アルベール・ヴァランタン、1943、日本未公開） 109, 128, 137
ラ・シオタ駅への列車の到着 L'Arrivée d'un train en gare de La Ciotat（ルイ・リュミエール、1896） 120, 133
離愁 Tomorrow is Forever（アーヴィング・ピチェル、1946） 92
我等の生涯の最良の年 The Best Years of Our Lives（ウィリアム・ワイラー、1946） 63–64

II｜人名

アポリネール、ギヨーム Guillaume Apollinaire 10
ウィーラー、モンロー Monroe Wheeler 5
ウェスコット、グレンウェイ Glenway Wescott 5
ウェルズ、ハーバート・ジョージ Herbert George Wells 122
ヴェルトフ、ジガ Dziga Vertov 120, 133, 136
エイゼンシュテイン、セルゲイ・M Sergei M. Eisenstein 97
エプステイン、ジャン Jean Epstein 114
エル・グレコ El Greco 65
オリヴィエ、ローレンス Laurence Olivier 46
カミュ、アルベール Albert Camus 136
カミンゴア、ドロシー Dorothy Commingore 53
カルネ、マルセル Marcel Carné 17, 114
カワード、ノエル Noël Coward 130
ガンス、アベル Abel Gance 97, 114
ギトリ、サシャ Sacha Guitry 130
キャプラ、フランク Frank Capra 86
ギヨーム、ポール Paul Guillaume 10
グリーン、グレアム Graham Greene 47
グリフィス、デヴィッド・W David W. Griffith 147
クレール、ルネ René Clair 17
コットン、ジョゼフ Joseph Cotton 39, 52, 141
ゴンクール兄弟 Edmond et Jules de Goncourt 114
サドゥール、ジョルジュ Georges Sadoul 132–134, 136, 147
サルトル、ジャン＝ポール Jean-Paul Sartre 85n, 86, 129, 134, 145
シェイクスピア、ウィリアム William Shakespeare 8, 45, 50, 105
シェレール、モーリス（＝エリック・ロメール）Maurice Schérer 65

索引

※原則として本文および原註を対象とした。ノンブルの後に「n」が付くものは原註を指している。

I｜映画作品名

▶ウェルズ監督作品（製作順）

市民ケーン Citizen Kane（1941）…… 8, 9, 17, 19, 23, 33–34, 36, 38, 42, 45, 49, 52, 54–56, 64, 66–68, 73, 75n, 82–83, 89, 91, 98, 104–108, 110–111, 114, 118, 120–121, 123, 126, 128–130, 132, 134–136, 147
偉大なるアンバーソン家の人々 The Magnificent Ambersons（1942）…… 9, 12, 19–21, 23, 33–38, 42, 49–50, 53–55, 59, 65, 69, 75n, 76, 82–83, 92, 123
恐怖への旅 Journey Into Fear（クレジット上は監督ノーマン・フォスター、1942）…… 42, 55, 92
ストレンジャー The Stranger（1946）…… 9, 94
上海から来た女 The Lady From Shanghai（1947） 8–9, 28, 33, 42, 45, 55, 66, 93, 98
マクベス Macbeth（1948）…… 5–7, 11, 33, 42, 45–46, 50, 55, 95
オセロ The Tragedy of Othello（1952）…… 32, 50

▶その他の映画

或る夜の出来事 It Happened One Night（フランク・キャプラ、1934）…… 110
永遠のアンバー Forever Amber（オットー・プレミンジャー、ジョン・M・ストール、1947）…… 89
駅馬車 Stagecoach（ジョン・フォード、1939）…… 22, 111
恐るべき親達 Les Parents terribles（ジャン・コクトー、1948）…… 11–12, 53
堕ちた天使 Fallen Angel（オットー・プレミンジャー、1945）…… 89
カリガリ博士 Das Kabinett des Doktor Caligari（ローベルト・ヴィーネ、1920） 120
狐の王子 Prince of Foxes（ヘンリー・キング、1949）…… 94
疑惑の影 Shadow of a Doubt（アルフレッド・ヒッチコック、1943）…… 121
グリード Greed（エリッヒ・フォン・シュトロハイム、1924）…… 120, 130, 132–133
ゲームの規則 La Règle du jeu（ジャン・ルノワール、1939）…… 83
殺人狂時代 Monsieur Verdoux（チャーリー・チャップリン、1947）…… 40
裁かるるジャンヌ La Passion de Jeanne d'Arc（カール・テオドア・ドライヤー、1928）…… 67n
ジェーン・エア Jane Eyre（ロバート・スティーヴンソン、1943）…… 92
双頭の鷲 L'Aigle à deux têtes（ジャン・コクトー、1948）…… 11
力と栄光 The Power and the Glory（ウィリアム・K・ハワード、1933）…… 109, 118, 128, 137

著者

アンドレ・バザン（André Bazin）

1918年4月18日生まれ。40年代半ばからシネクラブ活動と並行して、『ル・パリジャン・リベレ』、『レクラン・フランセ』、『エスプリ』等の紙誌に映画評・映画論を寄稿。48年にシネクラブ「オブジェクティフ49」を組織し、翌年「呪われた映画祭」の開催にも尽力する。51年に『カイエ・デュ・シネマ』を創刊し、後にヌーヴェル・ヴァーグを担うことになる若き批評家たちが集う。主要論考をまとめた『映画とは何か』全4巻の刊行を前にして、白血病により、58年11月11日歿。歿後に刊行されたものも含め、主な著書は以下の通り。

- 『オーソン・ウェルズ』（ジャン・コクトーとの共著、1950年）［本書］
- 『映画とは何か』全4巻（1958–62年／邦訳＝小海永二訳、美術出版社、1967–76年、その後『小海永二翻訳撰集4』、丸善、2008年所収）
- 『ジャン・ルノワール』（1971年／邦訳＝奥村昭夫訳、フィルムアート社、1980年）
- 『オーソン・ウェルズ』（1972年）
- 『チャーリー・チャップリン』（1972年）
- 『映画とは何か』選集1巻（1975年／邦訳＝野崎歓・大原宣久・谷本道昭訳、岩波文庫、2015年）
- 『残酷の映画』（1975年／邦訳＝『残酷の映画の源流』、佐藤東洋麿・西村幸子訳、新樹社、2003年）
- 『占領とレジスタンスの映画』（1975年）
- 『解放からヌーヴェル・ヴァーグまでのフランス映画』（1983年）

2017年末にフランスで全集の刊行が予定されている。

訳者

堀潤之（ほり・じゅんじ）

1976年生まれ。映画研究、表象文化論。関西大学文学部教授。編著書に『越境の映画史』（菅原慶乃と共編、関西大学出版部、2014年）、『ゴダール・映像・歴史——『映画史』を読む』（四方田犬彦と共編、産業図書、2001年）。訳書にレフ・マノヴィッチ『ニューメディアの言語——デジタル時代のアート、デザイン、映画』（みすず書房、2013年）、ジャック・ランシエール『イメージの運命』（平凡社、2010年）、コリン・マッケイブ『ゴダール伝』（みすず書房、2007年）ほか。ジャン゠リュック・ゴダール関連のDVD・BD付属冊子に多数寄稿。

オーソン・ウェルズ

2015年12月5日　初版第1刷発行

著者　アンドレ・バザン
訳者　堀潤之

編集　中村大吾（éditions azert）
装幀　間村俊一
発行者　丸山哲郎
発行所　株式会社 インスクリプト
東京都千代田区神田神保町1-40　〒101-0051
電話 03-5217-4686　FAX 03-5217-4715
info@inscript.co.jp　http://www.inscript.co.jp/
印刷・製本　中央精版印刷株式会社

カバー写真　オーソン・ウェルズ、『市民ケーン』（1941）より
Photo by RKO Radio Pictures/Getty Images

Jean Cocteau & André Bazin, ORSON WELLES (1950) et autres textes
traduits en japonais par Junji Hori

ISBN978-4-900997-61-5　Printed in Japan　

ヒッチコック
エリック・ロメール＆クロード・シャブロル
木村建哉・小河原あや［訳］
ヒッチコックの華麗な演出に潜む形而上学的主題へと迫った、
ヌーヴェル・ヴァーグによる「作家主義」の記念碑的書物。
2015年｜2刷｜2,800円

ゴダール的方法
平倉圭
高解像度の分析によって浮かび上がる未聞のJLG的映画原理。
第2回表象文化論学会賞受賞。
2010年｜2刷｜3,200円

森﨑東党宣言！
藤井仁子［編］
笑いと涙と、正しき怒りを今一度。喜劇を超えて、喜怒劇へ。
『男はつらいよ　フーテンの寅』準備稿を特別収録。
2013年｜3,800円

甦る相米慎二
木村建哉・中村秀之・藤井仁子［編］
歿後10年を経て、相米慎二が再び映画の魂を呼び覚ます。
決定版・相米慎二論。相米慎二講演録を特別収録。
2011年｜3,200円

エル・スール
アデライダ・ガルシア＝モラレス
野谷文昭・熊倉靖子［訳］
ビクトル・エリセの名作『エル・スール』の原作小説。
映画では描かれなかった後半部が、いま明らかに。
2009年｜1,800円

HIROSHIMA 1958
エマニュエル・リヴァ写真集
港千尋＋マリー＝クリスティーヌ・ドゥ・ナヴァセル［編］
『ヒロシマ・モナムール』主演女優がロケ中に撮った50年前の広島。
レネからデュラスへの手紙ほか併録。
2008年｜3刷｜3,500円

（価格は税別）